上手に働く人の社内コミュニケーション

結局、会社は思うように動かない。

コクヨ株式会社
下地寛也 著

…UBLISHING Co., LTD

はじめに――戦う土俵をまず知ろう

結論から言います。

仕事をうまくやっていきたいと思うのであれば、コミュニケーションスキルなどのテクニックを磨くのではなく、まず、自分が今いる「会社」という組織がどのようなアルゴリズム（法則、考え方）で動いているのかを理解することから始めるべきです。

会社で働いていると、「上司が自分の話をしっかりと聞いてくれない」「説明しても相手がその通りに動いてくれない」「他部門の協力が得られない」など、さまざまな問題に遭遇します。そんな状況を打開したいと思って、ロジカルシンキングやプレゼンテーションなどの仕事に求められることの多いスキルを身につけようとする人もいるでしょう。

しかしながら、どれだけロジカルに考えられるようになり、プレゼンが上手になったとしても、そもそも会社のアルゴリズムを知らなければ、その効果を最大限に発揮することはできません。まずは戦う土俵を理解しましょう。

組織は思うようには動いてくれない

偉そうに言っていますが、私もこのことに気づくのにはずいぶんと時間がかかりました。

少しだけ自己紹介をさせていただくと、私はコクヨという会社で、会社のコミュニケーション戦略やブランディングを担当するコーポレートコミュニケーション室という部門の責任者をしています。

日々、どのように情報を発信すれば社内に伝わるのか、他部門の人が動いてくれるのか、経営に現場の課題が、現場に経営のメッセージが伝わるのかなどを試行錯誤しながら仕事をしています。

今ではいろんな人にコミュニケーションを円滑にするための方法論をレクチャーすることも多いですが、若いころは自分の言いたいことが周りに伝わらず苦労しました。

社会人になって20年近くは、顧客に対して商品やサービスを提案する仕事をしていました。自分の考えには自信があっただけに、社内の他部門の人に何か協力のお願いをしたときにそれが伝わらないとイライラしたり、「わかってくれない相手が悪いんだ」と他責にしたりしていた時期もありました。

ところが、10年ほど前に顧客対応から社内の経営企画や業務改善、広報、社内風土改革などの仕事に関わるようになって、**組織は思うようには動いてくれない**ことを痛感しました。自分がどれだけ準備をして論理的に説明しても、相手の状況や考え方を理解していないと誰も動いてくれない。その事実に気がついたのです。

それから、会社という組織にある「明文化されている制度や仕組み」と「明文化されていない暗黙のルール」の整理に取り組みました。

さまざまな部門があるなかで、働く人たちはそれぞれどのような考え方で日々の仕事に取り組んでいるのか。それを少しずつ調べながら、自分の知識として蓄えていったのです。

そこからわかったのは、**同じ会社のなかでも一人ひとりモノの見方は全く違う**ということです。特に「部門」が違ったり、経営と現場といった「立場」が違ったりすると、その傾向はより顕著になります。

そうして、会社という組織に特有の構造を頭に置きながらコミュニケーションをしてみたところ、徐々にですが以前は動いてくれなかった人や組織がストレスなく動いてくれるようになってきました。

メジャーリーグでは、ボールをぶつけても謝らない

世界が違えばルールが違う。言ってみれば当たり前のことです。

例えば、野球の世界でも日本のプロ野球とメジャーリーグでは考え方が違います。

メジャーリーグでは、ピッチャーがバッターにボールをぶつけても謝りません。むしろ、謝ってしまうと「わざと当てた」と受け取られるそうです。

以前、メジャーリーグの試合で日本人ピッチャーがバッターにボールをぶつけてしまったあと、帽子を取って謝罪をしたことが話題になったくらいです。

競技としては同じ野球なので、日本と海外で根本的なルールは変わりません。しかし、ルールブックにはのっていない風土や文化の面では明確な違いがあります。

これは仕事でも同じです。時間を守る、報連相を行うといった基本的なルールはどの会社であっても変わりません。ホームランを打ったら点が入るのと同じくらい当たり前のことです。それらは、社会人として身につけておきたいビジネスマナーとして、先輩から教わったり、ネットや本から学んだりしたことでしょう。

その一方で、**誰からも教わる機会のない暗黙のルールについては知らないままなのではないでしょうか？**

会社で働くとはどういうことか、なぜ仕事にやりがいが感じられないのか、一向に変わる気配のない組織風土とどのように向き合えばいいのか……。

ビジネスマナーが枝だとしたら、これらは根っこです。自分から知ろうと思わなければ根っこの形を理解することはできません。いわばこの本は、そうした誰も教えてくれないけど働くうえで絶対に知っておきたいことを一冊にまとめた裏のルールブックです。

相手は変えられないけど、自分は変えられる

世の中には変えられるものと変えられないものがあります。

例えば、会社の意思決定の優先順位、相手の価値観や思考パターンは変えられると思いますか？　答えは残念ながらノーです。

多くの人がこれらを指摘して正せば変えられると考えてしまうものですが、現実はそう甘くありません。なぜなら、いずれも「相手」がいるからです。

自分以外の人をコントロールしようとすることは、水の流れを逆行させようとするようなものです。不可能ではないがかなり難しい。ならば、**相手は変えられないけど、自分は変えられる**という前提に立って行動するほうがうまくいきます。

ルールを変えようとするのではなく、自分の行動を変えてみる。
相手の考え方を変えようとするのではなく、自分の考え方を変えてみる。
どうして会社は動いてくれないんだろうと思うのではなく、自分の視点を変えてみる。

そうすることで、結果的に周囲の反応が変わってくるものです。

この本では、今より楽に仕事をするためのヒントを具体的な事例とともにお伝えしていきます。それでは、始めていきましょう。

contents

序章

仕事にコミュニケーションが必要な理由

第1章

会社のアルゴリズムを理解する

第2章

相手の思考パターンを理解する

第3章

仕事のツボを理解する

第4章

主体的な思考はこうして生まれる

ブックデザイン：木村勉
DTP&図表制作：横内俊彦
カバーイラスト：山内庸資
本文イラスト：タカイチ
校正：菅波さえ子
編集：市川純矢

序章

仕事にコミュニケーションが必要な理由

1

仕事のコミュニケーションは常に未来のためにある

まずは、原点となる仕事におけるコミュニケーションの理解からお伝えします。

そもそも、仕事と日常のコミュニケーションの違いはどこにあると思いますか？

もっとも大きな違いは、向いている方向が「**過去**」なのか「**未来**」なのかです。


日常のコミュニケーションは、多くの場合「過去の出来事」を中心に展開されます。

もちろん、これから行くレストランや旅行先、引っ越し先、あるいは家計簿のやりくりなど「これから」について話をすることもありますが、基本的には「昨日こんなことがあった」「実はこんな大変なことが起きた」というように過去の話が中心になります。


一方で、仕事のコミュニケーションは明日、来週、来月、来年どうしていくかという「未来の行動」を合意するために展開されます。

そのため、「この課題にはどう対応する？」「来月の売上目標はどうする？」「来期の戦略はどのように考えている？」といった未来に向けた話し合いが中心になります。


なぜ仕事のコミュニケーションは未来を向いているのか。

それは、**仕事は常に未来のためにある**からです。

課題への対応も、来月の売上目標も、来期の戦略も、全てこれから先の会社にとって必要なことだから話し合うのです。

もちろん、状況報告や現状分析をしたり、問題の原因を考えたりするときは過去の出来事について話をしますが、これらも結局は未来の行動を決めるためです。つまり、**仕事のコミュニケーションの本質は「未来に向けた意思決定」のためにある**といえます。

また、日常のコミュニケーションの主目的は感情の共有にあります。

日常会話をするのは、黙っていては何を考えているのか伝わらないからです。

例えば、カレーをつくって家族や恋人にふるまったとき、何もリアクションがなければ「あれ？　おいしくなかったのかな？」と胸がざわつくでしょう。

そうした感情の共有不足が積み重なると不仲になり、縁が切れることすらあります。それを避けるためにも、そしてせっかく一緒にいるのだから楽しい時間を過ごすためにも、感情の共有をしているのです。

一方、仕事のコミュニケーションは将来の行動を決定するために行われるわけです。

その決定は自分一人ではなく、多くの人と調整したうえで合意を得る必要があります。例えば、カレーをつくる仕事をしているとして、チームメンバーや上司に味見をしてもらったとしましょう。しかしそのカレーはあまりおいしくありませんでした。するとメンバーのAさんは「入れる具材を見直すのはどうですか？」と言い、Bさんは「煮る時間を5分長くしましょう」と言い、上司は「そもそもルーを変えたほうがいいかもしれない」と言いはじめました。さて、どう意見を取りまとめて実行に移しますか？

結局のところ正解はありません。仕事のコミュニケーションの難しさは**「こうしたらうまくいく」という明確な答えがない未来への不確かさ**にあります。何が正解なのかわからないなかで自分なりの考えを整理して、「こうすれば良くなるのではないか」と推測して話さなければいけないため、日常会話とはまた違った難しさがあるのです。

さらに、仕事では利害関係が異なる人やまだ信頼関係が構築できていない人、価値観の合わない人やわがままな人とも関わらざるを得ない場面が出てきます。これも難しさに拍車をかけている要因の一つになります。まずは、日常と仕事のコミュニケーションではそもそも向いている方向が違うことを認識しておきましょう。

2

コミュニケーションは仕事そのもの

「仕事さえしっかりやっていれば、周りの人に自分の考えが伝わらなくても別にいい」

このように考える人がいます。

頑張っても周囲から評価されなかった経験や、相手に伝えても反応が得られなかった過去があると次第にこうした思考に陥ります。なかには、「なんでわかってくれないんだろう。もういいです」とコミュニケーションをとることを諦めてしまった人もいるでしょう。

ところが、この考え方では仕事に関するあらゆることがうまくいかなくなります。

なぜなら、**コミュニケーションを含めてあなたの仕事**だからです。

仕事の流れを分解すると、次の三つのプロセスになります。

① 仕事を聞いて受け取る（例：上司から資料作成の指示を受ける）
② 仕事を処理・加工する（例：指定のテンプレートを使って内容を盛り込む）
③ 仕事の成果を説明し、相手に渡す（例：ポイントを簡潔に説明し、上司に資料を渡す）

この一連の流れで、①と③はコミュニケーションそのものです。この工程を抜きにして仕事を成立させることはできません。「自分の仕事は②だけだ」「①と③の責任は仕事を依頼した側が負うべきだ」と言いたくなる人の気持ちもわからなくはありませんが、それでは全体としての成果が損なわれてしまいます。それに、そのようなスタンスは見抜かれるものです。仕事を渡した相手、特に上司は次のように考えているかもしれません。


「この人、ちゃんと理解してから仕事を受け取ったのかな？」

「仕事はしてくれたようだけど、報告を聞いてもよくわからないなあ」


残念ながらこのとき、「自分の説明が不十分だったのかもしれない」「自分の理解力が低いのかもしれない」と考える上司はほとんどいません。

むしろ、「どうしてこの人は仕事をしっかり受け取らないんだろう」「どうしてこの人はやったことの説明をしっかりしないんだろう」と思うものです。


本来、仕事のやり取りには「伝える責任」と「受け取る責任」が双方にあります。

しかし、そのことを意識している人は多くありません。

上手に働くためには、仕事の責任範囲を広く捉えてみてください。少し面倒に思えるかもしれませんが、**「仕事を受け取るときから責任は始まっていて、しっかりと伝えて渡し終わったときにその責任は終わる」**と考えておくと、トラブルは少なくなります。

会社において、仕事は一人では完結できません。どうしたって誰かから仕事を受け取って、処理して、また別の誰かに渡さなければいけません。どれだけ裏で苦労していても、どれだけ時間を費やして考えたとしても、それは成果を上げる観点からはどうでもいいことなのです（もちろん、気が利く上司は影でこっそり見ているものですが）。

「黙ってコツコツ仕事をしていれば、きっと誰かが見ていてくれる」という考えは危険です。社内にはたくさんの人がいます。社員一人ひとりの働きをくまなくチェックできているわけではありません。やはり、見えていないことのほうが多いでしょう。その前提に立ったとき、次のように考えることができるのではないでしょうか。

「伝わらなければ自分の責任」「自分の仕事はコミュニケーションに全て表われる」

このようなスタンスで考えられる人は円滑に仕事を進めることができます。

3

仕事においてコミュニケーションが得意かどうかは関係ない

「私、コミュニケーションが苦手なんです」という人もいるでしょう。

大丈夫です。それはあなただけではありません。コミュニケーションサービスを提供している会社の調査によると、コミュニケーションが苦手だと感じている人は全体の58％という結果が出ています。つまり、**6割近くの人はコミュニケーションに苦手意識を持っている**ということです。

一緒に仕事をしている人を10人思い浮かべてみてください。そのうち半数以上の人は、人と関わることへのやりにくさやしんどさを抱えたまま、日々仕事をしています。

ちなみに別の調査では、初対面の人とのコミュニケーションが苦手な人は77％もいることがわかっています。

コミュニケーションは苦手意識があるくらいでちょうどいい

正直に言うと、**仕事においてコミュニケーションが得意かどうかは関係ありません。**

というのも、すでに説明したように、仕事のコミュニケーションは未来の行動を決めるために行われることだからです。

気の利いたエピソードトークを披露したり、笑える話をしたり、ためになるような雑談をしたりすることが仕事のコミュニケーションの主目的ではありません。

また、アナウンサーのように流暢に話すことも、魅力的な声で聞き手を魅了する必要もありません。もちろん、それらがうまいことは仕事関係の人付き合いで有効に働くことはありますが、必須ではありません。

この線引きを見誤ると、「あれもやらなくては」「このスキルも身につけなくては」とビジネススキルやビジネスマナーに振り回されることになります。その結果として、よりコミュニケーションで疲弊してしまうのでしょう。

大切なのは、**相手の話を理解する**こと。そして、**それに自分の考えや意見を乗せて伝える**こと。それだけです。

私が新人のころ、フリートークのスキルに長けている同僚がいました。まだ会社に入って数ヵ月にもかかわらず、延々と先輩や上司と楽しそうに雑談をしていたのです。「すごいなあ」と感心している間に、その同僚は営業に配属されることが決まりました。

きっと、持ち前のスキルを生かして良い成績をあげるだろうと思っていたのですが、10年ほど経つと、どちらかというと周りからは「ダメな営業」と評価されるようになっていました。そして、気がついたら会社を辞めていました。

むしろ、その同僚とは似ても似つかない朴訥《ぼくとつ》な人柄で、話もぼそぼそとしていて聞きとりにくく、気の利いたお世辞も言えないタイプの人が出世していたりもします。

かつて日本のモノづくりが強かった時代であれば、雑談やフリートークをきっかけに人間関係を築くことでモノが売れたのかもしれません。しかしながら、もう、そのような**表面上のコミュニケーションスキルだけでは仕事としては立ち行かなくなっている**のです。

たとえ口下手であっても、相手の意見に対して誠実に耳を傾け、熱意を持って自分の考えを伝えられる人が「仕事におけるコミュニケーションが上手な人」なのです。

「コミュニケーションが得意だ」と思っている人ほど、スキルを過信し、自分の話に酔いしれたり、独りよがりになったりするものです。むしろ、苦手意識があるくらいのほうが、十分に意味のあるコミュニケーションができるようになるでしょう。

4

仕事といえど感情は必要

仕事のコミュニケーションで配慮すべきポイントは主に二つです。

一つは「**情報**」をロジカルかつシンプルに伝えること。

もう一つは、相手の「**感情**」を考えながら伝えること。

仕事なので、情報を正確に分析し、合理的に考えたうえでロジカルかつシンプルに伝えることはもちろん大切です。ミスのないように、目標を正しく達成するためにも必要なことです。しかし、**情報が論理的で正しいからといって、それだけで人が動くわけではありません**。なぜなら、人には感情があるからです。

「仕事なのだから、正しく情報を伝えればそれでいい」
「仕事なのだから、職務を遂行できればそれでいい」

それも間違いではありませんが、情報を伝えるのと同じくらい、相手の感情を考えながら伝えることも重要です。

一見ドライな人でも、ちゃんと感情がある

必要最低限の情報だけを伝えて動いてくれたとしても、それは積極的な姿勢ではなく、義務のような、いわば「やらされ仕事」のようになってしまうでしょう。

「あの人の言うことは正論だけど、あまり協力したくない」
「仕事だからやるけど、自分から関わりたいとは思わない」

このような気持ちからスタートした仕事は、決してお互いにとって満足のいくような結果にはならないでしょう。

仕事だからといって感情を軽く見たり後回しにしたりしていると、仕事のクオリティが低下するだけではなく、徐々に関係性が硬直していきます。

人は、喜びを分かち合ったり、苦労を共にしたり、他者の行動に感化されたりと、そうしたことが原動力となって動くものです。

一見ドライに見える人であっても、心のなかでは意気に感じて協力することがあります。

無感情のように見えたとしても、感情を完全に切り離して仕事だけに取り組むマシーンではないのです。

仕事は常に人と人との間で行われます。

特に会社という組織で働いているのであれば、スタートからゴールまで一人で完結するような仕事はありません。人がそこにいれば、必ずその分だけの感情が存在します。

パナソニックの創業者である松下幸之助は「理に、情を添える」という言葉を残しています。論理的であることはもちろん大切ですが、それだけでは人が動かないことを示唆しています。情報と感情の二つに対する配慮があってこそ、真の仕事のコミュニケーションだといえるでしょう。

もちろん、相手の感情に気を遣いすぎるあまり、伝えるべきことを伝えないのはNGです。怒らせてしまうかもしれない、失望させてしまうかもしれないという理由で大切な情報を伝えないのは、仕事のコミュニケーションにおいて適切ではありません。

5

社外よりも社内コミュニケーションのほうが難しい

社内コミュニケーションには、ある「落とし穴」が存在します。

それは、同じ会社の仲間であるという「**暗黙の甘え**」です。

私はこれまで20年間、社外向けの提案やコンサルティングの仕事をし、次の10年間は社内の人材育成や風土改革に取り組んできました。

つまり働き始めてから30年以上もの間、社外と社内でそれぞれの現場を見てきたわけですが、その経験から感じるのは、**社外より社内のコミュニケーションのほうが難しい**ということです。

お客さまや外部パートナーとのやりとりは、基本的にビジネスライクです。

自分の考えをロジカルかつシンプルに伝えて、その情報から相手に判断してもらうというスタンスが一般的でしょう。

ゆえに、社外コミュニケーションの難しさは「初対面の人と話すときの緊張感」や「失礼がないように話すための丁寧さ」、そして「論理性」や「分析力」が求められることにあります。

ただ、**コツをつかめば社外とのやりとりは案外シンプル**です。

お互いの期待やニーズが合致し、誤解や問題が起きなければ、コミュニケーションはスムーズに進み、結果も早く出ます。一方、情報が不十分であったり、そもそものニーズが合致していたりしなければ、思うようには進みません。

つまり、**うまくいくときとダメなときがハッキリしている**のです。

一方、社内コミュニケーションはそうではありません。

上司とは長く付き合わなければならず、自分と合わない苦手な人が同じ職場にいても、そうそう異動を期待できるわけではありません。

それに、社外同様、社内コミュニケーションにおいても論理性や分析力は大切です。しかし、社外に比べて甘くなりがちです。なぜなら、「同じ会社の仲間なんだから、1から10まで丁寧に説明しなくてもわかってくれるだろう」「情報さえ伝えておけば、あとは勝手に動いてくれるだろう」と考えてしまうからです。

手を抜いているつもりはないでしょうが、**どこかで相手に甘えてしまっている**のです。

また、社内での依頼も甘く見積もられがちです。社外の人からの依頼ならすぐに決定できるのに、それに比べてズルズルと先延ばしにされることが多いのは、「少しくらい待ってもらっても大丈夫だろう」という甘えがあるからです。

「社内でアンケートの提出を依頼したけど、誰も出してくれません」
「社内説明会を開いたのに、ほとんどの人が参加してくれません」

そんな声を聴くことがあります。でも、それを言うのは社内の人が対象だからですよね？　社外のお客さまに対して同じことを言うでしょうか？

「お客さまにアンケートの提出を依頼したけど、誰も出してくれません」
「ユーザー向け説明会を聞いたのに、お客さまが参加してくれません」
となれば、それは伝える方法が良くなかったということです。

同じ会社にいる人でも、それぞれ仕事の優先順位や考え方は違います。

そういった相手の心理を読み取り、一人ひとりに配慮したコミュニケーションができる人は、社内か社外かに関わらずストレスの少ない仕事ができるようになるはずです。

6

上司だって感情を持った一人の人間

会社の上司にはどのようなことを期待しますか？


「自分の意見に耳を傾けてほしい」

「公平な評価をしてほしい」

「合理的な判断をしてほしい」

そういった意見が多いのではないでしょうか。


しかし、実際の上司を見てみるとその期待に応えられていないことも多いようです。2023年に実施された求人情報会社の調査によると、「職場に嫌いな上司がいる」と回答した人が73％もいるそうです。つまり、**4人に3人は嫌いな上司がいる**ということですね。

嫌いな上司の特徴として、

「相手によって態度を変える」「仕事を押しつける、仕事をしない」

「高圧的、偉そう」「気分屋」「自分が全て正しいと思っている」

「嫌味を言う、説教が長い」といった意見が上位に挙がっています。

なぜ上司はこのような非合理な行動をとってしまうのか。上司本人は、まさか自分が非合理な行動をしているとは思っていないはずです。熟慮し、臨機応変に判断していると自覚していることでしょう。それでも、部下からはそう見えていないのです。

このような悲しいすれ違いが起こってしまうのには理由があります。

上司は、メンバーには言えないさまざまなジレンマを抱えています。

「短期的なチーム目標の達成と、中長期的な経営から見た改革の実現」

「残業制限があるのにやることが多い」

「組織変更、異動、人的トラブルなどの公開できない人事情報を抱えながら、部下にとっては望ましくない配置換えの指示をする必要がある」

「環境変化の激しい時代に、答えのない判断をしなければいけない」

「ハラスメントに注意しながら、気づかせるようにアドバイスしなければいけない」

これはほんの一例ですが、このようなジレンマを抱えているのですから、**上司も一人の**

人間として感情が揺れ動くのは当然のことでしょう。

しかし、部下からそのような葛藤は見えにくいものです。ゆえに、配置換えをしたら「どうして私がそこに異動なんですか？」と言われてしまい、ハラスメントにならないよう配慮を重ねた形でアドバイスをしたら、「何が言いたいのかわかりません」と言われてしまう。それが今を生きる上司の実情です。

社会人になってから実感した人もいるかもしれませんが、大人といっても心は思っていたほど大人ではありません。**年齢や立場に対して中身が追いつかないことがあるのは当然です。**これは20～30代だけの話でなく、40～50代、もっと上の年代でも同じです。

できるだけ怒りや失望などの感情には蓋をして、「こうあるべき上司」を演じているつもりであっても、完全に蓋ができずに気持ちが透けてしまっている人も多いのです。

ふとした瞬間に、上司が家族とやりとりしている光景を見ると、「ああ、上司も感情を持った一人の人間なんだな」と思うものでしょう。結局、自分の年齢や立場にふさわしいと思えるような「仕事の仮面」を被っているだけなのです。

7

コミュニケーションに本番はない

会社での自分の評価はどのように決まっていると思いますか？

短期的には、設定された目標（売上や提案内容、改善活動など）の達成度で評価が決まります。しかし長期的にみると、上司がその人を「組織の中心に育てたい」「リーダーにしていきたい」と思えるかどうかで評価が分かれます。

「功ある者には禄を与えよ、徳ある者には地位を与えよ」という西郷隆盛の言葉があります。禄とはつまり「給料」のことです。徳は「日ごろの言動」と考えておきましょう。

そのうえで、一歩踏み込んでこの言葉を考えるならば、**「たとえ功績のある人でも、人徳のない人には高い地位を与えてはならない」**と読むことができます。

「これだけ実績をあげているのに昇進できないのはおかしい」

「頑張りが全く評価されていない」「上司は見る目がない」

などと思うことがある場合、上司からみた日ごろの言動が課題になっているのかもしれません。

そう考えると、**日々の何気ない言動が重要**になってきます。

「仕事を頼むと嫌そうな顔をする」「自分の都合ばかりを力説する」

「人に対する言い方が雑だったりきつかったりする」

こういった日常のちょっとした姿勢が自身の評価として少しずつ蓄積されていくのです。


スポーツの世界には練習と試合があり、評価は試合の結果によって決まります。ただし恐ろしいことに、それでも**人柄の問題で処分される人もいる**ということです。

その人の残してきた結果と人柄を天秤にかけたとき、人柄による悪影響が結果を上回ってしまうと、「この人はもう組織にはいないほうがいい」と判断されてしまうのです。


ハッキリとお伝えしますが、**コミュニケーションに本番なんてありません**。

一発逆転の場は用意されていないため、日々の何気ない一言で評価は下がります。

「この商品のアイデアを見ていただければ、私の実力はわかってもらえるはずです」

「この改善策は私が推進しました！　ぜひ、効率化の結果を評価してください」

そう主張したくなる気持ちもわからなくはありません。しかしそれは難しい。

業務を改善に導く魅力的な提案や、ほかの人には思いつかないようなユニークな発想、プロジェクトをきちんとやり遂げる実行力、そういったところも重要な評価ポイントです。しかしそれ以上に大切なのは、「この人とは仕事がしやすい」「一緒に仕事をしていると楽しい気持ちになる」「頑張っているので刺激になる」といったものです。

なにせ、同じ会社の人は毎日接する仲間なのですから。その人がいることによって場の空気がギスギスしたり、「結果を出せば自分勝手も許される」という振る舞いをしているメンバーを後任のリーダーに育てていきたいとは思わないでしょう。

実際、マネジャー同士の会話ではこんなやりとりがされています。

「彼はそこそこ仕事はできるけど、人との接し方がイマイチなんだよ」

「そうなんだ、どんな感じなの？」

「自分は正しいと言わんばかりに言葉にとげがあるし、その考えが表情に出るんだよ」

どれだけ仕事ができる人であっても、それだけを評価対象とすることはできません。日ごろのコミュニケーションも込みであなたの評価になるわけです。

8

優秀な人が持っている三つの視点

仕事ができる人は、どのようなことを意識しながら働いていると思いますか？

私が優秀だなと思う人は、その組織における立ち振る舞いの勘どころを押さえながら行動しています。つまり、自分が「コントロールできるところ」と「できないところ」を明確に見極め、そのうえで行動を選択しているのです。

数学では、変えられないものを定数、変えられるものを変数といいますが、ビジネスでも同じことが言えます。**仕事ができる人は定数に文句を言いません。**そういう前提だと理解したうえで、どう変数を改善するかに注力します。「はじめに」でも書いたように、自分が戦う土俵を理解しているわけです。これは要領のよさにもつながる話です。

その戦う土俵を理解するためのポイントは次の三つです。

①会社のアルゴリズム
②相手の思考パターン
③仕事のツボ

これら三つのポイントは、そのまま本書の内容とも合致しています。

「**会社のアルゴリズム**」では、会社がどのような優先順位や判断基準で動いているのかという全体像を理解します。

仕事の意味や目的、組織内の力学、チームのあり方などを知ることで、会社という「船」がどのような仕組みで動いているのか把握できるようになります。この点については第1章で詳しく解説していきます。

「**相手の思考パターン**」では、上司や同僚などの会社で働く人の価値観やモチベーション、そして「人と人」との関係性を理解します。

「なぜ相手はあのような言動をとったのだろうか？」を考え、次の動きを予測できれば、先回りして仕事ができるようになります。こちらは第2章で解説します。

「**仕事のツボ**」では、報連相、会議、依頼など業界や職種を問わず行われる仕事のやりとりにおいて「陥りやすいダメパターン」と「押さえておくべきポイント」を理解します。

これを押さえることができれば、一つ一つのコミュニケーションシーンにおける判断がストレスなくできるようになります。こちらは第3章でお伝えする内容です。

テクニックの前に、まずは自分が今いる土俵を理解しよう

コミュニケーションをするうえでは、もちろん「伝え方」や「説明する順番」などのテクニック面も大切でしょう。

しかしその前に、「自分たちが乗っている船がどのような仕組みで動いているのか」「船に乗っている人はどのような考えで働いているのか」「日々の航行をするためのやりとりにはどのようなものがあるのか」といった前提を押さえることが大切なのです。

これら三つの視点を意識しながら、自分の仕事に対するスタンスや一つ一つの言動を決めていくことで、社内コミュニケーションは格段に円滑になっていきます。

9

主体的に動けば自分が楽になる

さて、序章でお伝えする最後の内容です。

前項でお伝えしたように、本書の第1章から第3章までを通して会社や相手、仕事という前提を理解できたら、最後に重要となるのは「自分自身のスタンス」です。

自分について意識するポイントは、第4章で詳しくお伝えする「**主体的に動く**」という一点に集約されます。この主体性をリーダーシップと表現することもありますが、本質は同じことです。

詳細は第4章に譲りますが、主体的に動くとはどういうことなのかをここで簡単にお伝えしておくと、**誰かに指示されたから動くのではなく、自分でどのように行動するか考えて決めること**を意味します。

実は、主体性の有無がもっとも顕著に表れるのは「自分では決められない仕事」に直面したときです。

主体的な人は、たとえ決定権がなくても自分なりの意見やアイデアを持ち、「こうすればいいのではないか」と提案をします。

一方、受け身な人は、「私では決められないので指示をください」「どうすればいいのかわかりません」と早々に考えることを放棄します。

本人としてはそのつもりがなくても、経験がないから、あるいは答えを出せないからどのように動けばいいのかわからず、周囲からは思考停止しているように見えるのです。

こうした「自分では決められないこと」「誰が決定するのかわからないこと」について積極的に考えることこそ、主体性を育むためのカギとなります。

大丈夫です。**初めから主体的な人なんてそうそういません。**

多くの人は、会社に入社してから徐々に仕事を覚えていき、そのなかで判断に迷うことや誰が決めるのか曖昧なことに遭遇し、「自分だったらこうするはず」という考えを持つようになるものです。

やってはいけないのは、その貴重な考えを飲み屋の愚痴として浪費することです。

安全圏から「自分だったらこうするんだけどなー」「あの上司はわかってないわー」などと言っている間は受け身のままです。

そうではなく、そのような明確な答えがない状況に対して方向性を決定づけられるように、考えて、周りの人に働きかけてみてほしいのです。

最初のうちは少し勇気がいるかもしれません。しかし、そうした主体性を持つことで**会社や仕事に対する見え方が大きく変わってくる**ようになります。

まずは小さなことからでいいのです。それこそ、挨拶を自分からする、落ちているゴミを拾う、誰も発言しない会議で呼び水となる意見を言ってみるなどで構いません。

役割としてのリーダーを任される前から周りに働きかけていく。そうした小さな行動の積み重ねが主体性を育てていくのです。

そのような主体的な行動を続けているうちに、必ず「**主体的に動いたほうが楽だし、得だし、楽しい**」と思う瞬間がやってきます。

それに、思うようにいかないときも「自分の伝え方が良くなかったのかもしれない」と健全に受け止められるようになります。そんな心持ちになれたらしめたものです。そこからは勝手に自分で成長できるようになっていきます。

さて、これから全4章を通して「会社を使いこなすための社内コミュニケーションのコツ」をお伝えしていきます。それではお待たせしました。本編スタートです。

第1章

会社のアルゴリズムを理解する

1

会社には多くの利害関係者がいる

そもそも、会社とは何のためにある場所だと思いますか？

社員の視点から考えると、会社はお金を稼ぐための場所ですよね。しかし現在はただお金を稼ぐだけではなく、やりがいを見つける場所という側面が大きくなっています。

ただ、やりがいを見つけると一口に言っても、そこには「自分の価値観と仕事内容の一致」、「自分が役立っているという実感」、「同じことの繰り返しではなく、成長や挑戦できる環境」などなど、社員の数だけ会社に求めるものは異なります。

では、ここで会社側の視点から考えてみましょう。

会社には実に多くの目的があります。利益を得る、顧客に価値を提供する、株主に利益を還元する、社会課題を解決するなど、多様な側面が絡み合っています。

少し歴史を振り返ると、会社という組織は１６００年に設立されたイギリス東インド会社がそのはじまりだと言われています。また、諸説ありますが、日本における最初の会社は１８６５年に坂本龍馬が創設した亀山社中《かめやましゃちゅう》とされています。

このように、**日本の会社の歴史はまだ１６０年ほどと比較的浅い**のです。

そのころの会社の目的は明確でした。さまざまな出資者を募ってお金を出してもらい、リスクを分散したうえで取り引きをし、利益を出すことが目的だったわけです。それが明治、大正、昭和、平成、令和と時間が進むなかで、先述した顧客への価値提供や社会課題の解決など、多様な視点をもって会社運営をするようになりました。

会社には多くの利害関係者（ステークホルダー）が存在します。社員、経営陣、顧客、株主、そして社会全体。それぞれの立場によって、会社に対する期待や要望は異なります。

こうした多面的な視点が必要なのは会社だけではありません。

学校という組織を例に考えてみましょう。生徒として通っているときは「学校＝勉強をする場」という単純な視点で見ていたかもしれません。しかし学校には先生や親、ＰＴＡ、文部科学省など多くのステークホルダーが存在します。それぞれの立場から学校を見ているため、ときには意見の衝突も起こります。

子どものときは「ＰＴＡと先生が揉めている」なんて話を聞いても、勉強さえしておけばスルーしていてもよかったわけです。しかし大人になり、**会社という組織のなかでうまくやっていくためには「相手の視点」に立つ必要があります**。

自分の視点しか持ち合わせていない人は社内コミュニケーションの壁に直面します。「ほかの人のことなんて自分には関係ない」と言いたくなるかもしれませんが、会社で働く以上そうもいかないのです。

さて、もう一度会社の立場から考えてみましょう。社員として働いているときはなかなか気がつきませんが、会社というのはさまざまなジレンマを抱えているものです。

「社員の給与を増やすべきか、それとも利益を優先するべきか」という社員還元と利益確保のジレンマ、「短期的な利益を追求するべきか、それとも長期的な社会貢献を重視するべきか」という短期と長期のジレンマ、「社員の働きがいを重視するべきか、それとも全てをマニュアル化して効率を追求するべきか」という働きがいと生産性のジレンマ。

会社を理解しようとするとき、こうした複雑に絡み合ったジレンマに頭を悩ませてしまう人は少なくありません。整理するコツは「視点を引く」ことです。

自分の視点しか持っていない人はいわば「**虫の目**」です。細かいところまでよく見えるかもしれませんが、それでは視野は広がりません。会社の中にいる自分しか見えていないのです。

視点を引いてみてください。「**鳥の目**」のように俯瞰した視点で会社のなかの活動を見渡してみると、今まで見えなかったことが不思議なくらい多くの発見があるでしょう。

2

仕事の本質は問題解決

仕事の本質って何だと思いますか？
一言で表すなら**問題解決**です。

あなたが今勤めている会社では、何を顧客に提供して利益を上げていますか？
自動車、金融、エンターテインメントなど業種はさまざまありますが、どの会社も何らかの「問題」を解決することで価値を提供し、利益を得ています。

「歩くと時間がかかる」という問題は自動車が解決しました。
「現金の持ち運びが不便」という問題はクレジットカードが解決しました。
「暇な時間をどう過ごすか」という問題は映画やコンサートが解決しました。

それだけではなく、既存の商品やサービスに対しても解決策を模索し続けています。
ガソリン車の環境負荷の問題には、ハイブリッド車や電気自動車。
クレジットカードがかさばる問題には、スマホ決済。
映画館やコンサートに行く手間には、動画配信サービス。

このように、会社というのは「顧客の問題を見つけ、それを解決すること」で新しい価値を提供し、利益を得ているわけです。

仕事の部門は二つに分かれる

では、みなさんはその問題解決においてどの部分を受け持っていますか？

次ページの図のように、会社には大きく分けてライン部門とスタッフ部門の二つがあります。日頃意識することはなくても、誰もがどちらかの部門に属して、何らかの形で会社の問題解決に貢献しているはずです。

ところが、会社というのは大きな装置です。全社で顧客の問題解決に取り組むべきなのに、**ほかの部門の人が何をやっているのか知らない**ということがよくあります。これが社内コミュニケーションの妨げにもなります。

問題解決を効果的に進めるためには、**部門を超えた視点を持つ**必要があります。

例えば、ライン部門は前後の工程を担う人が何を考えているのか理解する、開発は営業の苦労を、営業は開発の思いを知ることで、より良い価値提供ができるはずです。

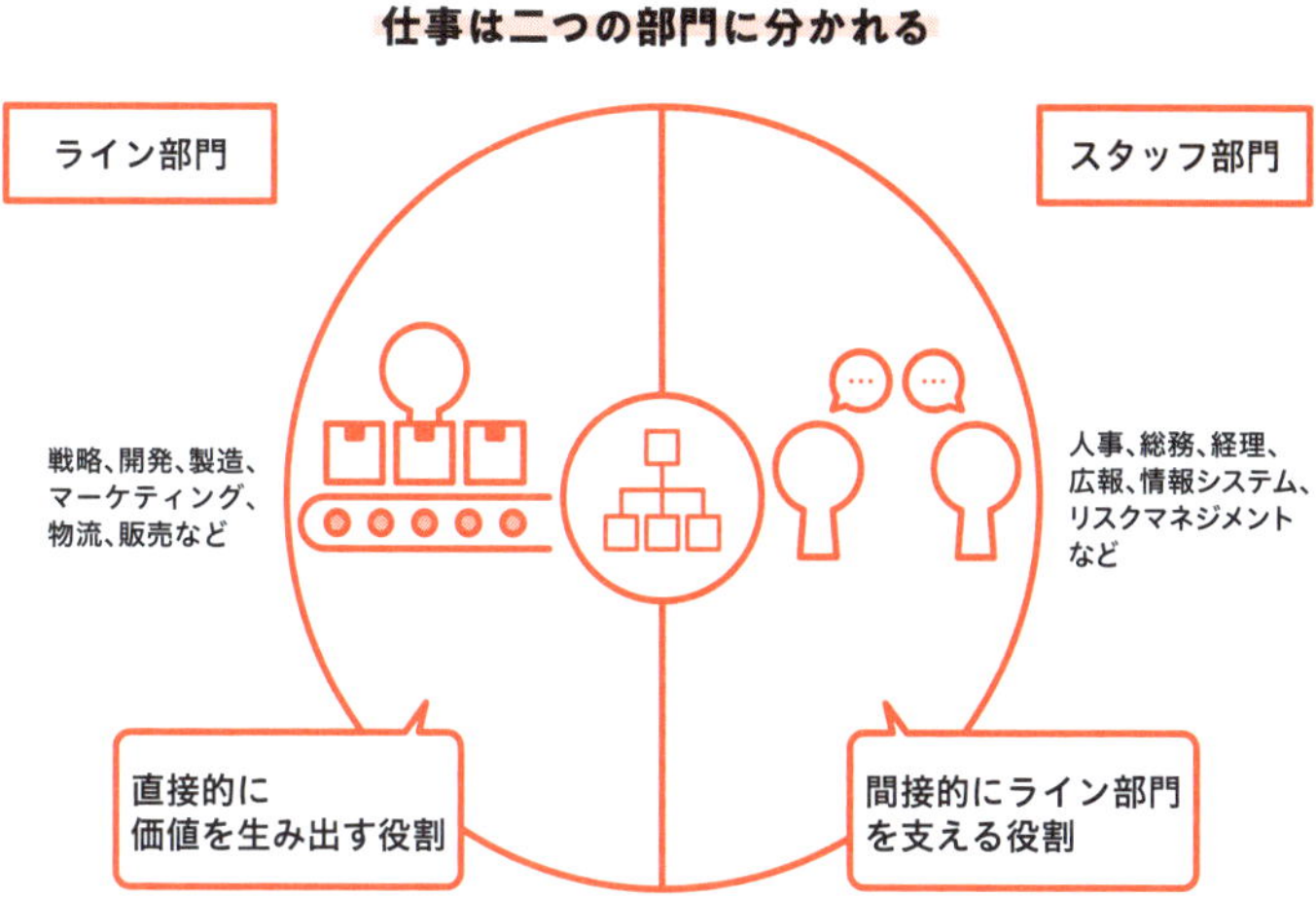

スタッフ部門であれば、ライン部門の人がストレスなく働けるよう、非効率な社内定型業務の見直しをします。

それだけではなく、人材配置に問題はないか、強化すべきスキルは何か、請求業務はスムーズに行われているかなど、ライン部門の人が問題解決のスピードを上げるためにできることを理解しておく必要があるわけです。

自分は問題解決のどの部分を受け持っているのか、周りの人は何を受け持っているのかがわかれば、社内コミュニケーションをうまく進める糸口が見えてきます。

3

面白い仕事は20％あればいい

日本人の仕事に対する満足度は、諸外国と比べて低いことが知られています。

そのことを示すあるデータを見てみましょう。

パーソル総合研究所の調査によると、日本人の「幸福感（はたらく幸せ実感）」は49・1％で、調査18ヵ国中最下位という結果が出ています。トップであるインドの92・6％、全体の74・7％と比べても明らかに低いことがわかります。

ただし、「不幸感（はたらく不幸せ実感）」は18・4％で、こちらは18ヵ国中15位と良好な数字です。このことからわかるのは、**働いていても幸せではないが、かといって特別不幸でもない人が多い**ということです。

また、GALLUP社の調査では、日本人の会社への「エンゲージメント（愛着、貢献意欲）」はわずか5％とのことです。調査国平均の21％や、アメリカ・カナダの33％と比べるとダントツに低い数値です。日本人は仕事に対して、幸せややりがいを感じにくい特性があるのかもしれません。

そこで提案したいのが、面白い仕事、どちらでもない仕事、面白くない仕事を次の図のようなバランスで捉える考え方です。

私が思うに、**面白い仕事が20％程度あればそれなりにやりがいを感じられ満足できる**のではないでしょうか。
残りの60％はどちらでもない仕事であり、最後の20％は誰にとっても面白くない仕事となります。

上司はこれらの仕事をメンバーに割り振ります。そのため、全員にやりがいのある面白い仕事を十分に与えられるわけではありません。むしろ上司が悩むのは、誰にとっても面白くない仕事をどう割り当てるかです。そして、どちらでもない仕事をいかに能力や性格的に向いている人に担当してもらうかにも心を砕いているものです。

今の仕事に、20％程度の「面白い仕事」は存在しますか？
もし思い当たらない場合は、上司に「もっと挑戦できる仕事を与えてほしい」と相談してみるのもありです。仕事をきっちりやっている部下から「全部を面白い仕事にしてほしいとは言わないので、20％くらいは面白いと感じられる仕事をさせていただきたいです」と伝えられたら、上司もその気持ちを無下にはできないでしょう。

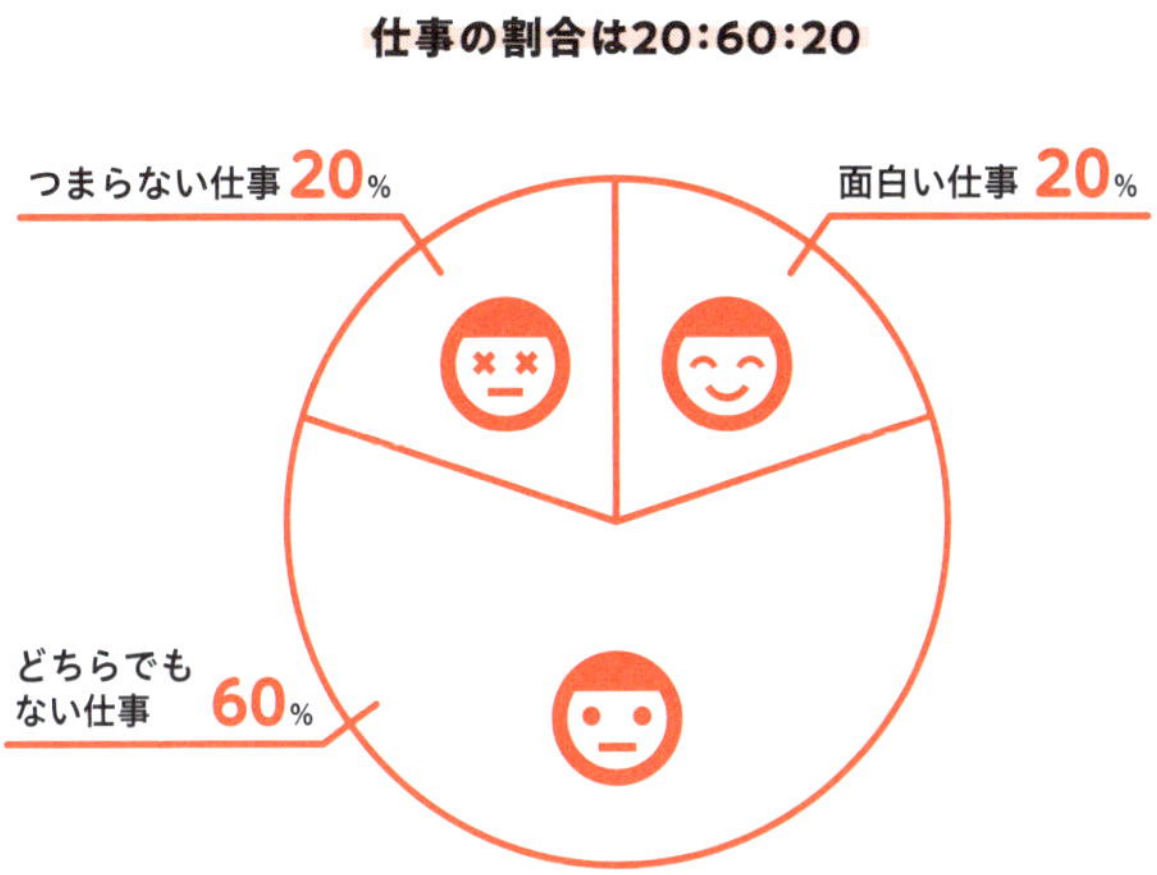

次に考えてほしいのが60%の「どちらでもない仕事」についてです。この仕事に対してどのように取り組むかによって、やりがいは大きく変わってきます。

自分なりに考え、その仕事を改善したり工夫を加えることができれば楽しくなります。すると、20%しかなかった面白い仕事を80%まで拡大することができます。

残り20%の面白くない仕事はササっと流してしまいましょう。「なんで私がこの仕事をしないといけないんですか?」と思うかもしれませんが、誰もがそういった仕事を多少なりとも分担しています。

結局のところ、仕事の面白さは自分の考え方次第でコントロールできるものです。

4

主体性がある人はどこでも通用する

自分のキャリアについてどう考えていますか？

かつて「転職は35歳が限界」と言われていました。しかし現在では、日常的に転職支援のCMが流れ、年齢、性別、業種を問わずキャリアの選択肢は大きく広がっています。同じ会社に定年まで勤め続けることが当たり前だった時代とは違い、今や転職は身近な選択肢となりました。ただ、人は選択肢が増えるとかえって迷うものです。

実際、次のような不安や疑問を抱えているという話をよく聞きます。

「このまま今の会社にいて成長できるのだろうか」「自分のスキルは他社でも通用するのだろうか」「もっと自分らしく働ける環境があるのではないか」……。

確かにモヤモヤすると思いますが、これらの迷いは自然なものです。

私の職場には転職してきた人がたくさんいます。採用の際に重視するのは次の三つです。

①人間力：チームワークや交渉、調整など、人との協働に関する能力
②思考力：問題解決や発想など、未来に対して自分の考えをまとめる能力
③行動力：仮説を立てて行動し、結果を検証しながら方向修正して仕事を進める能力

これらの能力は**ポータブルスキル**（持ち運び可能な能力）と呼ばれ、どの会社でも生かせる普遍的な力です。

なぜこの三つのスキルを重視するのか。それは、**組織においてリーダーシップを発揮するために必要**だからです。これらのスキルを備えている人がいると、チームが困難に直面したときでもメンバーを鼓舞して壁を突き破ってくれることを期待できるわけです。それは話していて「主体性」という形で見えてきます。

ベースとなる主体性があるからこそ、「専門性」が生きてきます。

どれほど豊富な専門知識を持っていたとしても、主体的に同僚と議論し、仕事を進める力がなければ、チームにとって十分な戦力とはならないのです。

実際、転職がうまくいかないケースの多くは、リーダーシップの源泉となる「主体性の不足」に課題があります。別の言葉で表すと「受け身な姿勢」と見られているわけです。「私の意見を聞いてくれない」「面白くない仕事ばかり回される」「あの人がこう言ったので」。こういった考えが先行する人は、どうしても受け身な人と見られてしまいます。

もちろん、残業が多い、給与が低いなどの明確な理由があれば、転職は合理的な選択です。ただし、「社内でのコミュニケーションがうまくいかない」「周りが自分を認めてくれない」「なんとなく居心地が悪い」ということであれば、まずはその課題に向き合うことが先決です。でなければ、その壁は環境を変えても目の前に立ちふさがります。

自分のキャリアに不安を感じるのであれば、まずは「**強みの棚卸し**」をしてみてください。これまで経験してきたことや身につけてきたこと、そして自分がどんな仕事をしているときにワクワクするのか、その興味や志向性を明確にするのです。

自分の強みが見えてきたら、次は上司や人事に働きかけましょう。**こちらからアプローチせずに仕事を待っていても、期待通りのキャリアを手に入れられるわけではありません。**

上司や人事と仕事の交渉をすることで、自分のキャリアの方向性が明確になります。

それすらもうまくいかないのであれば、本当に転職を考えるいい機会だと思います。

ビジネス環境が大きく変化するこの時代において、誰しもキャリアの不安はあるものです。しかし、焦って働く環境を変える前に、まずは「自分に何ができるのか」「何が働くうえでの妨げになっているのか」を整理してみてください。すると、自分の軸が見えるようになり、会社から評価される主体性も生まれてくるでしょう。

5

組織は大きくなるほど仲が悪くなる

組織の特性についても考えていきましょう。

同じ会社で働いていても、部門が違えば意見は対立します。たとえ個人としては仲が良くても、**所属している組織の目標や役割が異なると対立関係になってしまう**のです。

特に、営業部門と開発部門や、企画部門と実務部門の不仲はよく起こります。ひどくなると、他部門の人を敵とみなす人もいるくらいです。

この傾向は、組織の規模が大きくなればなるほど顕著になります。

その究極が国家という組織での対立です。歴史を見ても、国家間の対立をうまく調整するのは非常に困難であることがわかります。

18世紀の哲学者カントは著書『永遠平和のために』のなかで「人間社会の自然状態は平和ではなく戦争状態にあり、平和は意識的につくりだす状態」だと説いています。

つまり、国家間が勝手に平和になることはなく、積極的に努力しないと平和は維持できないというわけです。

このことは会社でも同じです。部門間で対立が起きるのは自然なことで、むしろ**「対立しないほうが珍しい」と考えたほうがいい**でしょう。

例えば、同じ部門のメンバーと話をするときに、
「あっち（の部署）がこう言っている」「10階（経営企画のフロア）からの指示だよ」
という言い方をすることはないでしょうか？　これらは組織の壁を表現する言葉です。
このような壁が多い会社では、いたるところで対立が発生します。

ではなぜこうした対立が起きてしまうのでしょうか？　それは、**集団が大きくなると一人ひとりとの丁寧なコミュニケーションが難しくなる**からです。

組織間の調整をしようにも、現場レベルでは誰と誰が調整をすればいいのか判断が難しいのです。そのため、いろいろと努力はしてみたもののうまくいかず、結局、部長レベルで話し合ってなんとか合意にこぎつけたなんてこともよくあります。

また、それぞれ別部門の目標を共有することは少ないでしょう。これにより、同じ会社であってもすれ違いが起こるのです。

例えば、営業は短期の売上目標があるため売れやすい商品を顧客に提案します。ところが開発は新商品の販売数を目標にしているので、「売れるかどうかは未知数だけどこの新商品を売ってほしい」と営業に依頼します。しかし営業は「売れるかどうかわからないも

対立が起きるのは自然なこと

のを提案するのは非効率だ」と断ります。こうして部門間の対立は起こります。これはなにも営業と開発に限った話ではなく、あらゆる組織間で発生している問題です。

大切なのは、そうした**組織間で起こるズレを理解したうえでどう立ち回るか**です。

相手に不満をぶちまけたり、自分の主張ばかり通そうとしてもうまくいきません。相手の状況に気を配り、共通の目的は何かを意識したうえで対話をしていきましょう。

組織のなかでうまく立ち回るためには、対立が起きることを前提にして、そこから互いに歩み寄る努力が必要だということを知っておきましょう。

6

社内には、見えない「力学」がある

職場で人に何かをお願いしたとき、「自分が伝えても一向に動かなかったのに、上司が伝えると素直に動いた」という経験をしたことはありませんか？

「結局人をポジションで見ているのか」と悔しい思いをした人もいることでしょう。

実は、社内には組織図に書かれていない見えない力が存在します。このパワーは2種類あり、「ポジションパワー」と「パーソナルパワー」に分けられます。


ポジションパワーは地位や権限から生まれる力です。

人事評価や仕事配分などの「決定権限」、部下の数や使える予算などの「リソース」、経営情報や人事情報といった「情報力」がこれに当たります。

このパワーを持つ人に対して、周囲は損得勘定で動くことが多いです。


パーソナルパワーは実力や評判から生まれる力です。

特別な知識やスキル、実績などの「専門性」、誠実さや人望などから生まれる「信頼」、社内外の人脈といった「ネットワーク」がこれに当たります。

このパワーを持つ人に対して、周囲は納得感を持って動いてくれます。

『影響力のマネジメント』の著者ジェフリー・フェファーは、パワーのある人は日頃の行動からもその力が感じられ、それは「活力とスタミナ」「集中力」「他者への感受性」「柔軟性」「対立に耐える力」「エゴを隠す力」という形で表れると述べています。

どのような職場にも、役職に関係なく周りから一目置かれるような影響力のある人がいるものです。その人は、仕事に対する情熱を持ち、相手の立場で物事を考え、状況に応じて柔軟に対応している人ではないでしょうか。

逆に、**立場だけで人を動かそうとする人は長期的には信頼を失っていきます**。

「あの人が言うなら喜んでやろう」と前向きな形で周囲の人に動いてもらうためには、パーソナルパワーを磨いていく必要があるのです。

誰がどのようなパワーを持っているのか知ることで、自分の提案や相談がスムーズに通りやすくなります。

例えば、何か新しい案件の承認をもらいたいときもそうです。

最初から決定権を持つ上司に相談するのではなく、まずは影響力のある先輩に相談し、その人を通じて上司に働きかけたほうがスムーズにいくことがよくあります。

パワーがある人の提案や相談は通りやすい

また、自分の意見を通すために上司の権限を借りるのも一つの手です。ただし、そのためには日頃から信頼関係を築いておく必要があります。

社内の力学を理解したうえで、まずは自分のパーソナルパワーを高める。そうすることで、組織のなかでより効果的に動けるようになるはずです。

パワーは目に見えないからこそ、意識して観察し、理解を深める必要があります。

そうすることで、組織のなかでの立ち回り方がわかり、より建設的な関係づくりができるようになります。

7

評価に対する正しい向き合い方

自分の評価がどのように決まっているのか疑問に思ったことはありませんか？
ある調査によると、**人事評価に不満を持っている人は6割もいる**そうです。
その理由は「評価基準が不明瞭」が最多であり、「評価者によりばらつきがある」「フィードバックが不十分」などが上位となっています。

評価に不満がある人の気持ちもわかります。ただ、注意が必要です。
ダニング＝クルーガー効果という心理現象をご存じでしょうか？　これは、**能力の低い人ほど自分の能力を過大評価してしまう**錯覚の一つです。つまり、少し見方を変えると「能力の低い人は、自分の能力を正確に判断することもできない」とも「優秀な人は、自己評価を控えめにしておいたほうが懸命だと考える傾向にある」とも言えます。

また、ノーベル経済学賞を受賞したダニエル・カーネマンは「人は見えているものだけで判断してしまう」という「WYSIATI（What You See Is All There Is）バイアス」を指摘しています。

例えば、自分の仕事は100％見えているのに、他人の仕事は10％も見えていない人がいるとします。するとその人は「自分はこんなに頑張っているのに、なんであの人はあんなに仕事量が少ないんだ……」と思ってしまう。仕事をしているとよく聞く不満だと思いますが、これも一種のバイアスです。

頑張った、努力したというのは当たり前のことです。前提条件でしかありません。

それに、残業を遅くまでしていることが「頑張っている証」と思われがちですが、今は時間内で効率よく成果を出せる人が高く評価されることも多いのです。

では、評価に対してどのように向き合えばいいのでしょうか？

答えは一つです。**上司が評価をするのであれば、その上司がどのような視点で評価をしているのか理解するしかありません。**

おおよそ、評価の対象期間は半年や1年でしょう。つまり、その期間のなかで自分の成果をわかりやすく説明できるようにしておく必要があるのです。

そこで大切なのは二つ。一つは日々の仕事のなかで周りからの評価を高めておくこと、もう一つは、評価期間を代表するようなわかりやすい象徴的な結果を出しておくことです。

会社から見ると、社員は「将来を期待できる人」「今の仕事では力を発揮している人」「言われたことはしっかりやる人」「言われたこともできていない人」に分類されます。もちろんこれは固定的なものではなく流動的なものです。

自分の立ち位置を知るために、次の質問を自分に投げかけてみてください。

「もし、もう一度採用試験があっても今の会社に採用されるだろうか？」
「もし会社が自由に解雇できるとして、自分は解雇されないだろうか？」

仕事ができる人は、意外と目の前の評価をさほど気にしません。むしろ、自分の市場価値を意識し、長期的な成長を重視しています。なぜなら、それが結果的に高い評価につながることを知っているからです。

人が人を評価するという前提があるかぎり、その基準や内容は完璧なものではありません。それでも、**「会社があなたに期待する価値」と「あなたが発揮している価値」のバランスで評価が決まっていく**ことは確かです。大切なのは、そのバランスを意識しながら日々の仕事に向き合うことです。

8

古い体質の会社ほどチャンスがある

次のような暗黙のルールが存在する会社があります。

「会議の席順や発言順をやたら気にする」
「飲み会では、遅れてくる偉い人を待ってから乾杯する」
「重要な提案の前日に、全員で残業して資料を作るのが当たり前」

このような、一見すると意味がないように思える慣習でも意外と根づいていることがあります。これらは社風や組織文化、組織風土と呼ばれるものです。

非効率だったり、形骸化したりしているものもありますが、その会社では正しい行動とされています。社内規定やルールとしてはどこにも書いてはいませんが、いわば踏んでしまうと途端に作動するトラップのようなものです。

では、こうした見えない社風をどのように理解し、適応すればよいのでしょうか？

まずは、**社風には四つの型がある**ことを知っておきましょう。次の図をご覧ください。

縦軸は「主体的に考えるか」「受け身的に指示を待つか」、横軸は「ドライな関係か」

「協力し合う関係か」となっており、それぞれ次のような傾向にあります。

- ピラミッド型（受け身×ドライ）：上意下達で個人プレーを好まない
- 実力主義型（主体×ドライ）：結果重視で個人の責任が明確
- 家族経営型（受け身×協力）：和を重んじ指示を待つ文化
- 相互学習型（主体×協力）：主体性と協調性の両立を目指す

例えば、歴史のある製造業はピラミッド型、外資系企業は実力主義型、地方の老舗企業は家族経営型、ＩＴベンチャーは相互学習型の印象があるでしょう。

これら四つのなかでも、特に古い体質が残る会社では「上に嫌われてうまくいくはずがない」「合理的でも協調性のない人は使えない」といった考え方が根強く残っています。「考え方が古いなあ」と思うかもしれませんが、だからといってその社風に反発しても軋《あつ》轢《れき》を生むだけです。自分の会社にはどのような暗黙のルールがあるのかを知っておくと、いらぬトラップを踏むことなく社内で上手に立ち回れるようになります。

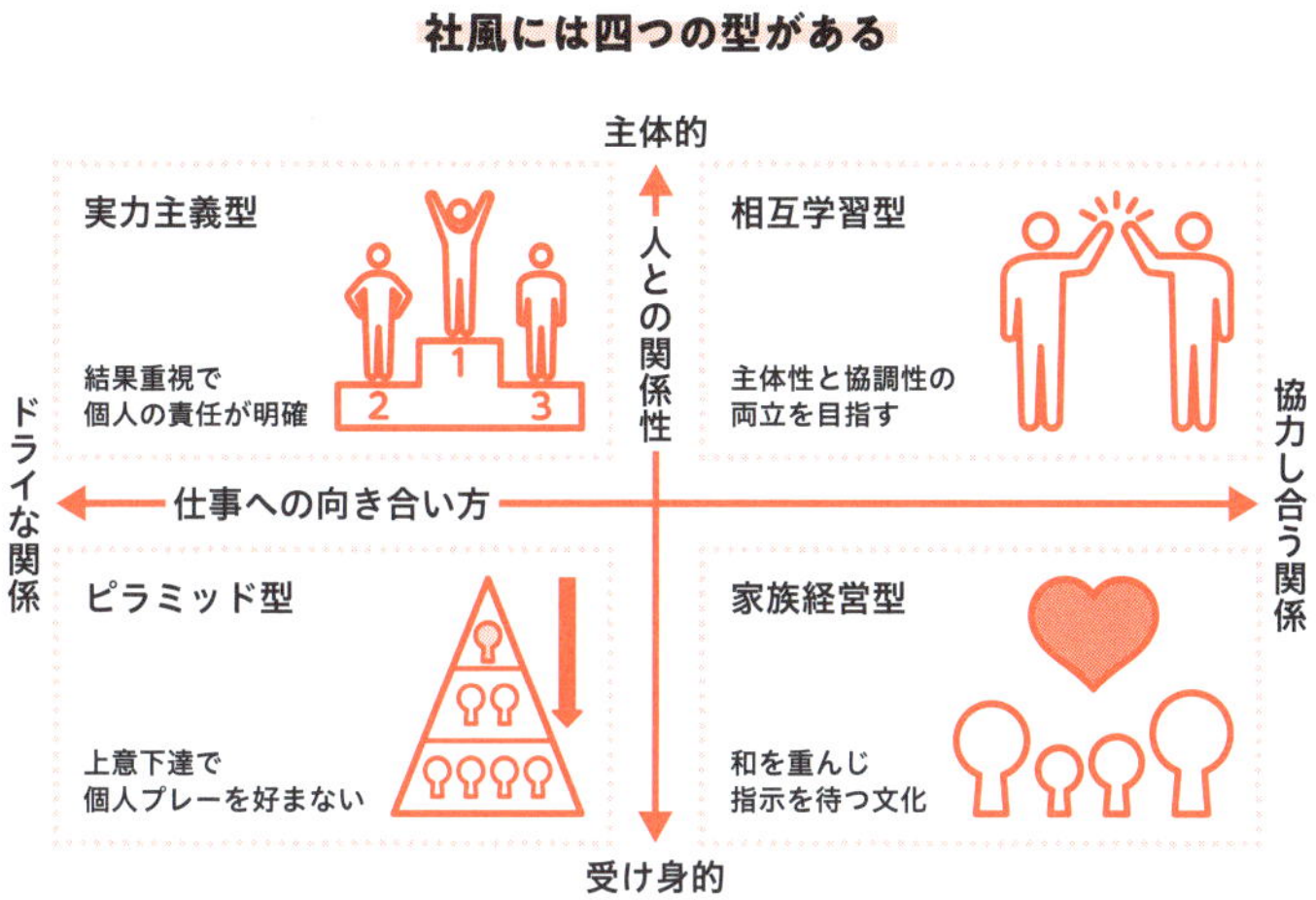

むしろ、**ポジティブに考えるのであれば古い体質の会社ほどチャンス**といえます。

なぜなら、自分以外の人はその社風にどっぷり浸かっていて、身動きがとれず会社を改革できずにいるわけです。

社風は急には変えにくいですが、自分がスキルを身につけて主体的に動くだけで、相対的に評価される可能性が高くなります。

大切なのは、**周りの空気を読みながらも自分の主体性は失わないこと**です。

会社の暗黙のルールを理解したうえで、新しい考え方を少しずつ提案していく。

そうすることで、どのような環境でも成長できる強さが身につくはずです。

9

個人の意思より会社の優先順位

仕事をするなかで次のようなジレンマに陥ったことはありませんか？

「スピードを求められるのにミスは許されない」
「短期で業績を上げなければいけないのに会社の将来も考えないといけない」
「『自分で考えろ』と言われたのに、自分で判断したら『それは違う』と言われる」
「お客さまの個別要望に応えたいけど、通常業務に比べて手間がかかりすぎる」
「チームの和を重視したいけど、自分の意見を通したい場面もある」

これらの場面では一概に正解はありません。もし一人で仕事をしているのであれば自分で判断すればいいでしょう。しかし組織として動く場合、周囲との連携や部門ごとの方針、さらに前項で説明したような社風も影響してくるため、流動的な対応が求められます。

これはサッカーやラグビーなどのチームスポーツに似ています。攻めを重視するチームなのか、守りを固めるチームなのかによってとるべき行動は当然変わります。

スポーツの場合は、監督がチームの方針を明確に示し、選手はその指示に応じて自分のプレーを遂行します。しかし会社の場合は、そもそも方針が明文化されていなかったり、誰が監督の役割をするのか曖昧だったりすることがよくあるのです。

それでも、**何を優先するかは上司の判断や先輩の行動に表れます。**


会社の優先順位を理解していないと、むだな労力を使ってしまいます。

丁寧な資料を作っても「そこまで求めていない」と言われたり、スピードを重視して作業を進めたら「もっと慎重に」と指摘されたり……。

こうしたむだな労力を避けるためには、次の二つを意識しましょう。

① 上司や先輩の判断基準、意思決定パターンを理解する
② 会社の方針や戦略から優先順位を考える

ただし、理解した優先順位に合わせるだけでいいとは限りません。短期での業績アップを重視している会社でも、誰かが将来の領域拡大に向けて時間を使わなければいけません。

また、チームの和を重視しすぎると変化が起こらず停滞するかもしれません。時として自分の意見を通す強さを求められる場面もあります。

まずは会社の優先順位を理解しよう

つまり、**優先順位を理解したうえでそれに従う場合と、あえて異なる判断をする場合の使い分けが大切**なのです。

仕事の基本は成果を上げることです。

正解がない状況に遭遇したときは、会社や上司の優先順位を頭の片隅で意識しつつも、より成果が上がる選択肢を選ぶべきです。それこそが主体的な判断であり、成長につながる選択です。

会社の優先順位を知る。そのうえで自分なりの判断で行動を選択する。

そんな意識を持って日々の仕事に向き合ってみてください。

10

なぜ無能な上司が多いのか

「なんでこんな人が管理職をやっているんだろう……」

「よくこの仕事ぶりで出世できたよな……」


会社の上司を見ていてこのように思ったことはありませんか？

実は、こうした「無能な上司」が多いと感じるのにはれっきとした理由があります。

組織論の一つに「ピーターの法則」があります。これは、「**全ての人は昇進を重ね、各々の無能レベルに到達する**」という考え方です。

例えば、営業成績が良かった人が昇進して課長になったとします。しかしその人にはメンバーや予算を管理する能力がありませんでした。すると、部下からは無能の烙印を押されてしまうのですが、さりとて課長より上の役職の人にとっては急に代役を用意して降格させるわけにもいかず、結果的にそのポジションに留まり続けることになるのです。

ピーターの法則は、こうした状況を次のように皮肉っています。

> やがて、あらゆるポストは職責を果たせない無能な人間によって占められる。仕事は、まだ無能レベルに達していない人間によって行われる。

ただし、上司が無能に見えたとしても、その背景には知られざる苦労があるものです。例えば、経営層からプレッシャーをかけられたり、チーム全体の成果に対する責任を負わされたり、上からの指示と現場の声の板挟みに苦しんだり……。名選手が必ずしも名コーチや名監督になるわけではないように、上司という立場には単純なスキルや実績だけでは対応できない難しさがあるのです。

上司に不満を感じたとしても愚痴を言うだけでは何も変わりません。むしろその状況を逆手に取り、自分の成長につなげられないか考えてみてください。

例えば、**上司の苦手分野を補うように動いてみる**のです。「資料作成が苦手そうなら率先して企画書を作る」「コミュニケーションが苦手そうなら調整役を買って出る」。こうした利他的な行動は、チーム全体の成果を向上させるだけでなくあなた自身の存在感を高めることにもつながります。

ほかにも反面教師として学ぶこともできます。「もし自分が上司と同じ立場ならどうするかな?」と仮説を立てて考えてみたり、上司が抱えている課題をキャッチして解決策を提案したりすることは、将来のリーダーシップを磨くトレーニングになります。

仕事のできる上司は幻想です

実は、**仕事のできる人ほど上司に対する期待が低い**傾向があります。ダメな上司であっても「そんなものだろう」と割り切っているのです。「はじめに」でお伝えしたように、変えられないものを変えようとするのは限界があります。

なぜ上司が無能に見えるのかというと、期待する上司像と、目の前にいる現実の上司との間にギャップがあるからです。

残念ながら、現実の上司の実力がすぐに引き上げられることはありません。

このギャップを埋めるためには、上司への期待値を適切に下げることが必要です。

11

出世したほうが、コミュニケーションが楽になる

「私は別に出世したいとは思わない」

このような声をよく耳にします。

マイナビの調査によると、新入社員の管理職志向は約3割程度で、「一般職でよい」という回答が年々増加しているそうです。その理由として「責任が重くなるのは嫌だ」「プライベートを犠牲にしたくない」といった声が多く聞かれます。

確かに「部長がいつも遅くまで残業している」「課長の机に書類が山積み」「夜中でも上司からメールが来る」といった光景を目の当たりにすると、管理職に魅力を感じなくなるのも無理はありません。

「出世と言っても、責任や負担が増えるだけでしょ?」
「頑張って出世するよりも、私はほどほどでいいかな」

そう考える気持ちも理解できます。

しかしそれ以上に、出世すると自分の意見を通しやすくなる、周りの協力を得やすくなるなどのメリットが多いのです。

それに、役職に就くとポジションパワーと呼ばれる権限が増します。これにより**コミュニケーションが格段に楽になる**のです。

管理職には確かなメリットがある

管理職といえど、適切なマネジメントができれば残業せずに成果を出すことも可能です。実際、私は管理職ですが、ほとんど残業をしていません。

大切なのは適切な権限委譲です。

部下に仕事を任せ、成長機会を与えながら組織全体で効率よく動くことができれば、メリットを大いに活用することができます。

仕事ができる上司は、自分で抱え込まずにメンバーの力を最大限引き出します。優先順位を明確にして重要案件に集中します。不要な会議を減らしながら、デジタルツールを活

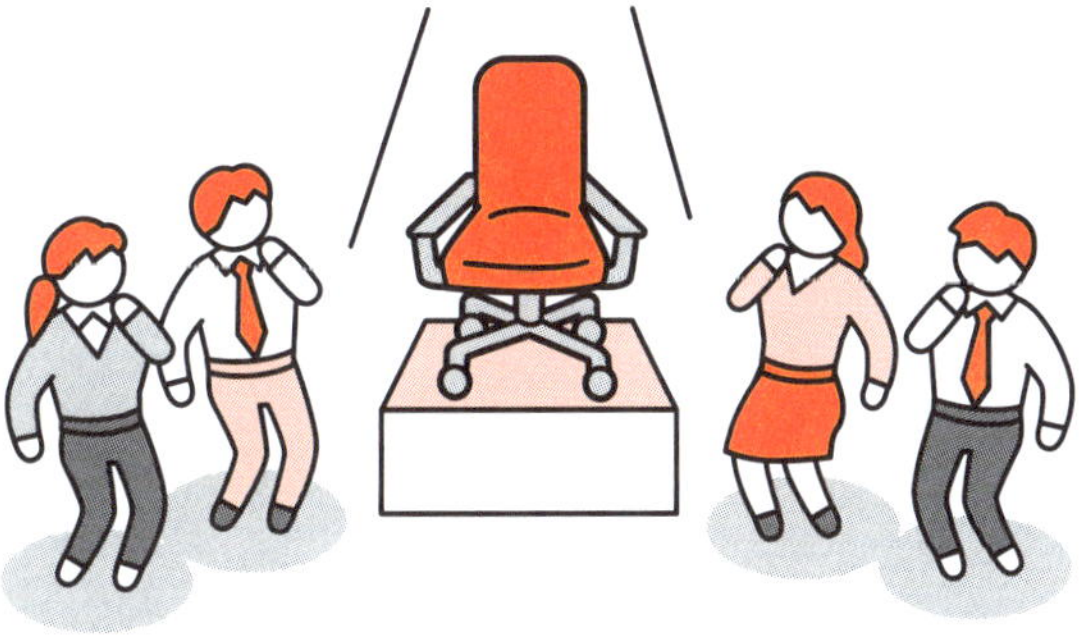

出世をしたがらない人が多いなら、それはチャンス

用して効率化を進めます。

管理職であっても、こうした工夫一つで働き方を改善できます。


若手のうちは「意見が通らない」と感じることが多いでしょう。もちろん経験不足や実績不足が原因であることもありますが、実は立場の違いによるものが結構大きいのです。

例えば、一般職の意見は簡単に突き返されてしまっても、責任のある部長や課長から意見を言われると相手もノーと言いにくいでしょう。これがポジションパワーの有無です。

会社の仕組みを理解し、チームを動かすスキルを磨き続ければ、自然と出世をポジティブに捉えられるようになるはずです。

第2章

相手の思考パターンを理解する

1

価値観の押しつけが対立を生む

「こんなに頑張っているのに、どうして上司はわかってくれないんだろう」

このような不満や悩みは、会社員であれば一度は感じたことがあるはずです。

実は、こうした職場での悩みの多くは一人ひとりの価値観の違いに起因します。

価値観とは「**何を正しいと思い、何を優先するかという個人の判断基準**」のことです。

普段あまり意識することはないかもしれませんが、対人関係に大きな影響を与えています。

例えば、仕事に対する向き合い方一つとっても次のようにスタンスが分かれます。

①「残業してでも質を高める？」「業務時間内で仕事を終える？」
②「部下は褒めて育てる？」「ときには部下を叱ることも必要？」
③「本音と建前は使い分ける？」「常に本音で話す？」
④「行動する前に熟考する？」「まず行動してそれから修正する？」

私がコミュニケーション研修をするときにこれらの質問をすると、必ずと言っていいほど意見が分かれます。ハッキリとした立場は表明できなくても、「どちらかというと」のスタンスはあるのではないでしょうか。それだけ人の価値観は多様だということです。

一人ひとり考え方が違うのは当たり前のこと

問題は、自分の価値観のみを根拠にして「こうあるべきだ」という期待を相手に押しつけてしまうことです。自分のなかで大切にしている考えだからこそ、他人に「期待する人物像」を作ってしまうのです。

その結果、上司とはこうあるべき、若手ならこうすべきと押しつけがましい考えになり、やがてそれが対立を生む要因となります。

例えば「残業をしてでも仕事の質を高めるべきだ」と考えている上司と、「質を求めすぎるとキリがないので、業務時間で仕事を終えるべきだ」と考えている部下が一緒に働いているとします。

この場合、上司が部下の仕事に満足していない限り、定時で帰ろうとする部下を見るたびに「(なんで残業してでもクオリティを高めようとしないんだよ……。まだできることがあるだろ……)」と考えてしまうのですから、当然対立します。

同じように、「本音と建前は使い分けるべき」と考える上司のもとで「常に本音で話すべき」と考えている部下が働いていると、部下は上司のことを裏表のある性格だと認識するようになります。

こうした対立の根本にあるのは、**相手の価値観を理解しようとしないこと**です。

冷静に考えれば、一人ひとりの考え方が違うのは当たり前のことです。

その前提を理解したうえで、相手の価値観は必ずしも自分と同じではないと考え、じゃあ何を大切にしているのかを知ろうとしてみてください。そういう視点を持ってコミュニケーションをスタートすると、誤解や対立が減り、協力を得やすくなります。

職場の人が全員同じ価値観を持って働いていたら対立はなくなるのかもしれませんが、それを実現するのは難しいでしょう。しかも、金太郎アメのような組織になります。

まずは相手の価値観を受け入れ、その前提で対話をする。そうすることで、価値観の違いは「多様な視点を持つ」というチームの強みになっていくはずです。

2

生まれた時代が違えば価値観も違う

人の価値観は何によって決まると思いますか？

一般的には、生まれ持った性格と環境からの影響によるものが半分ずつくらいだと言われています。特に、**環境のなかでも大きな影響を与えるのが「時代」です**。

例えば、長い歴史を振り返ると人の価値観は次のように変化してきました。

江戸時代はお殿様のために働く。明治から戦前はお国のために。戦後から昭和は会社のために。平成以降は自分や家族のために。さらに今後は、環境（サステナビリティ）のためにという価値観も広がっていくことでしょう。

このような時代による価値観の違いは、現代の職場においても「**世代による考え方の違い**」となって表れます。現在の職場には主に四つの世代が混在しています。

・バブル世代（1965−1969年生まれ）

豊かな経済成長期を経験したこの世代は組織や年功序列を重視します。

「24時間戦えますか」というCMのフレーズに象徴されるように、仕事中心の生き方を当たり前としてきました。

・X世代／就職氷河期世代（1970－1984年生まれ）

バブル崩壊後の厳しい就職環境を経験しています。そのため、「組織への依存」から「自己実現」や「キャリア形成」を重視する価値観へと変化していきました。

パソコンや携帯電話が普及し、働き方やコミュニケーションのスタイルが大きく変わり始めた世代です。

・Y世代／ミレニアル世代（1985－1996年生まれ）

iPhoneの登場やSNSの普及とともに育ちました。リーマンショックや東日本大震災といった大きな出来事を経験し、「会社のために生きる」というより「ワークライフバランス」や「自分らしく生きる」ことを重視する傾向にあります。

・Z世代（1997－2012年生まれ）

生まれたときからデジタル環境が整っている「デジタルネイティブ」です。コロナ禍やSDGsの広がりを経験し、多様性やサステナビリティへの意識が高いのが特徴です。

世代によって価値観は異なる

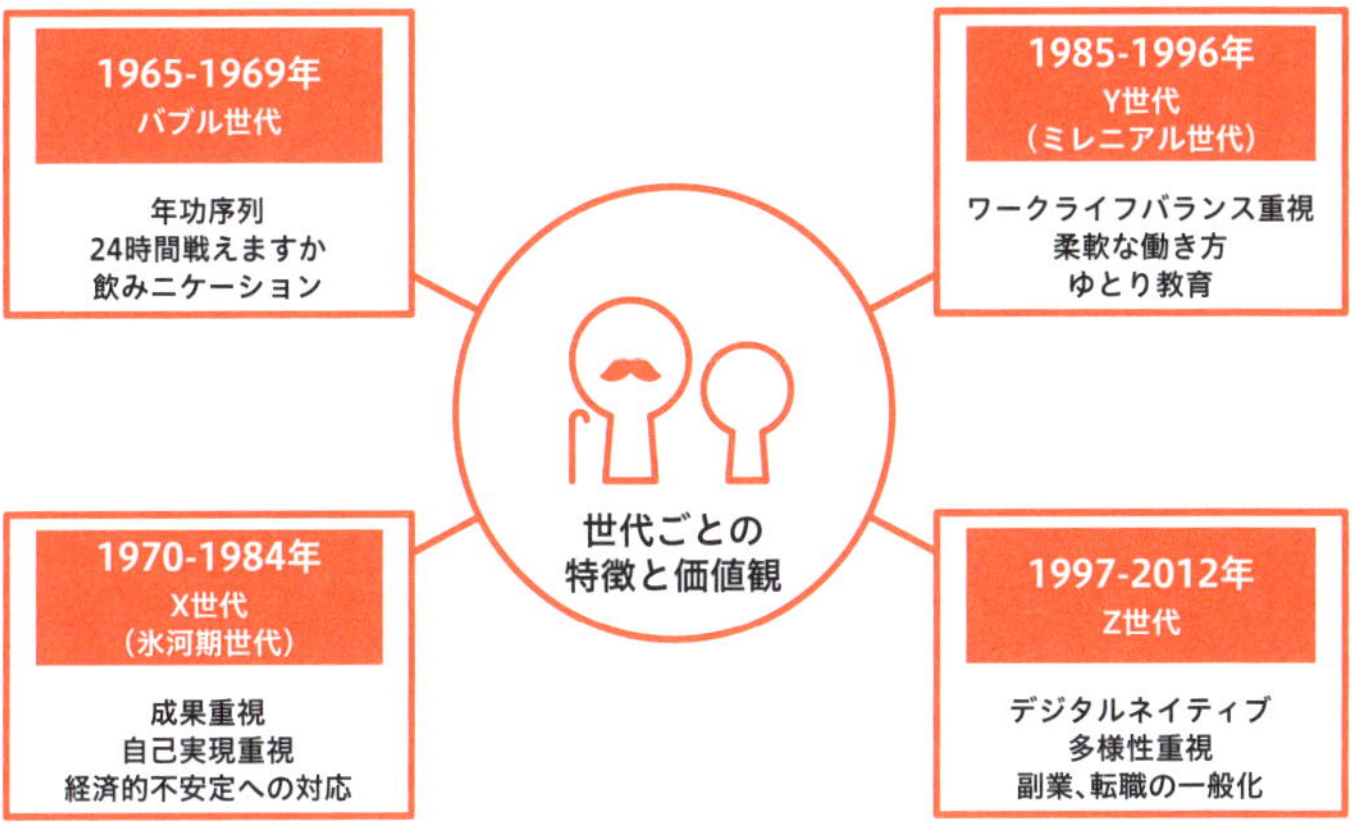

さらにこれからは、α世代（2013年以降生まれ）が社会人として登場してきます。この世代は、生成AIや機械の自動化が当たり前の環境で育っています。

今後、「若手はまず細かい作業を担当する」という考え方は通用しなくなるでしょう。**仕事の進め方や役割分担も大きく変わる時代がやってくる**はずです。

大切なのは、こうした価値観の違いを「考え方が古い、間違っている」と決めつけないことです。まずは相手の世代がどのような時代を生きてきたのかを理解する。その視点を持つだけで、世代間のコミュニケーションは大きく変わってくるでしょう。

3

しずかちゃんがいるチームは強い

価値観を知ることで、相手に合わせた対応をしやすくなります。

ここでは、縦と横、二つの軸を使ったシンプルな価値観の分類方法をご紹介します。縦軸は「リーダー」と「フォロワー」の2タイプ、横軸は「理系」と「文系」の2タイプです。次ページの図と合わせてそれぞれ詳しく解説していきます。

まずは縦軸から見ていきましょう。

「**リーダー**」とは、率先して物事に挑戦し、変革を押し進める積極的なタイプです。キーワードは率先です。

「**フォロワー**」とは、貢献意欲が高く、他人のサポートやコツコツとした改善、丁寧な仕事ができるタイプです。キーワードは貢献です。

続いて横軸です。

「**理系**」とは、論理的に物事を考え、数字に強く、冷静で綿密な計画を立てて物事に取り組むタイプです。キーワードは論理です。

「**文系**」とは、感情を表現し、情熱的に仕事を進め、他者との連携や人に対する配慮の意識が強いタイプです。キーワードは感情です。

この二つの軸を組み合わせてマトリクスを作ると、それぞれ異なる4タイプの価値観を持つ人物像が出来上がります。右上から時計回りに「文系リーダー」「文系フォロワー」「理系フォロワー」「理系リーダー」となります。

「**文系リーダー**」とは、熱意を持ってチームを引っ張ることができる人です。論理思考はやや弱いですが、行動力が高く、困難な課題にも果敢に挑戦できます。ドラえもんでいうとジャイアンです。

「**文系フォロワー**」とは、人の気持ちに配慮し、周りの支援ができる人です。先頭に立つのは苦手ですが、人当たりがよく、チームのために動けます。のび太タイプといえるでしょう。

「**理系フォロワー**」とは、分析や整理が得意で、参謀的な立ち回りができる人です。感情表現は控えめですが、緻密な計画でチームに貢献します。スネ夫がそうですね。

「**理系リーダー**」とは、革新を好み、困難な課題にも自分で取り組む能力が高い人です。周囲への配慮が足りない傾向にありますが、決断力と実行力に優れています。出木杉くんがこれに当たります。

価値観は4タイプに分類できる

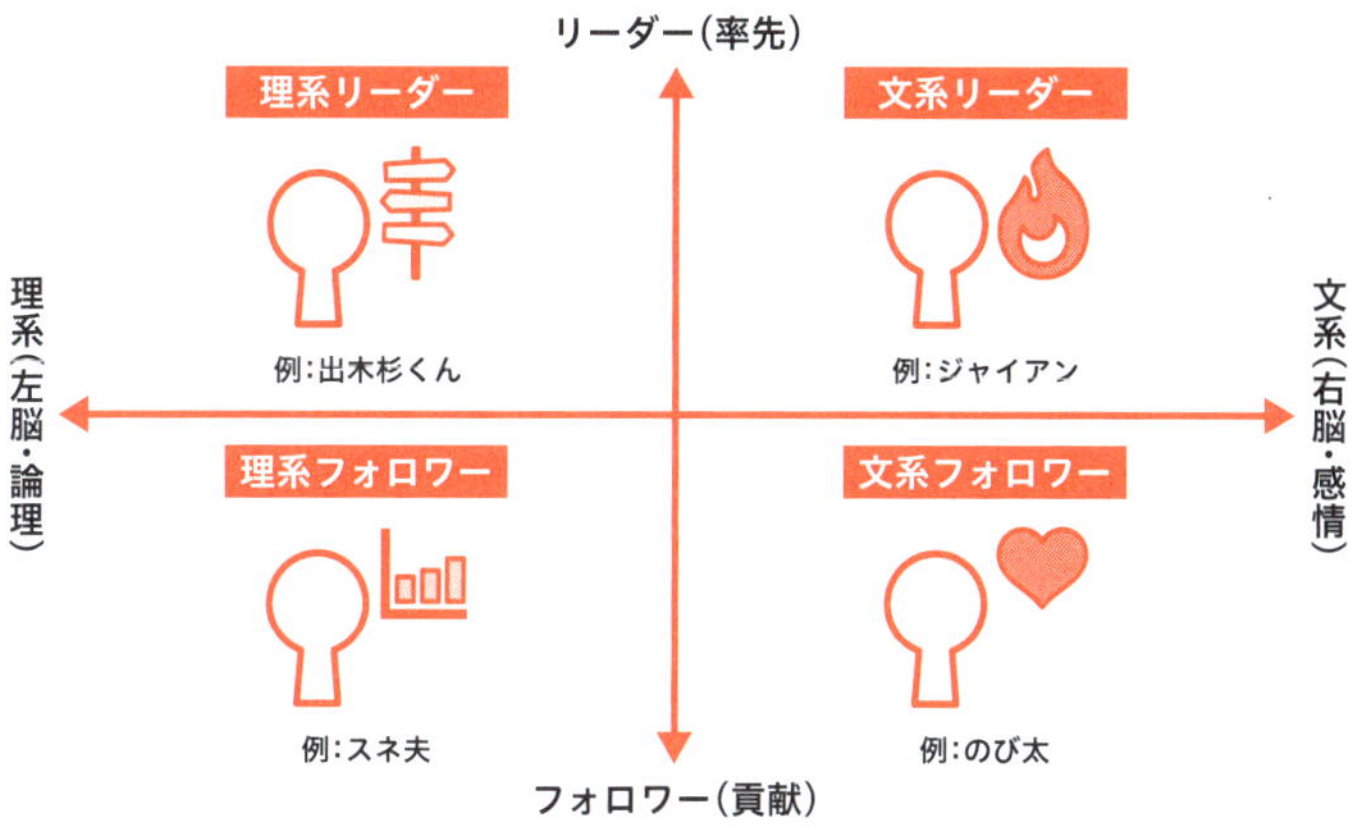

相手の苦手なタイプを想定すると、コミュニケーションを取るときに注意すべき点がイメージしやすくなります。

文系リーダーには熱意を持ってビジョンを伝える。文系フォロワーには安心感を与えて協力を求める。理系フォロワーには根拠を押さえたうえで丁寧に伝える。理系リーダーにはポイントを端的に伝える。

ドラえもんでは、しずかちゃんがこのような相手の特徴を考えた対応をしています。

ジャイアンがリーダーシップを発揮しているときはフォロワーに徹し、のび太が怖気づいているときにはリーダーシップを発揮して鼓舞する。特に映画版ではそれが顕著です。立ち回りの参考にしてみてください。

4

欲求は誰にでもあるもの

組織のなかで動いてもらうためには、人の欲求を理解する必要があります。

心理学者マズローの提唱した欲求5段階説によると、人間の欲求は次の5段階に分けることができるとされています（次ページの図も参照）。

①生理的欲求　食欲や睡眠欲など、生きていくために必要な基本的欲求
②安全欲求　災害や事故から身を守り、安心して生活したいという欲求
③社会的欲求　チームや仲間とつながりたい、居場所がほしいという欲求
④承認欲求　認められたい、自分の行動に価値があると感じたいという欲求
⑤自己実現欲求　挑戦し成長したい、自分の目標を達成したいという欲求

生理的欲求と安全欲求は平時であれば満たされているため、**組織のなかでは上位三つが重要**になってきます。

マズローによると、「下位の欲求が満たされてこそ、上位の欲求が生まれる」とされています。つまり、居場所（社会的欲求）がない、または認められていない（承認欲求がない）状態では、挑戦や成長（自己実現）をしようとは思わないということです。

このような状況下にある人は、挑戦や成長を求める前に、まずは安心感や信頼関係を構築する必要があります。確かに、自分の居場所がない、あるいは誰にも認められていない組織にいては、なかなか新しいことに挑戦する意欲は湧かないでしょう。

人の協力を求めるときは、社会的欲求、承認欲求、自己実現欲求を意識しながら伝えてみましょう。

「とりあえずこれやっておいてください」といった指示では相手のモチベーションを下げる可能性があります。これでは社会的欲求は満たされません。そうではなく「チームとして大切な仕事なので、ぜひお願いしたいんです」と伝えれば、その人自身もチームの一員であることや組織に所属していることの意義を感じてもらえます。

同じように、承認欲求を満たすための伝え方として「分担なのでお願いします」という単純な指示は避けましょう。「○○さんならうまくやってくれると思うので、お願いします」と能力を評価し期待を伝えることで、「自分は認められている」という欲求が満たされ、ただお願いをするときよりも主体的に行動してくれるようになります。

欲求5段階説

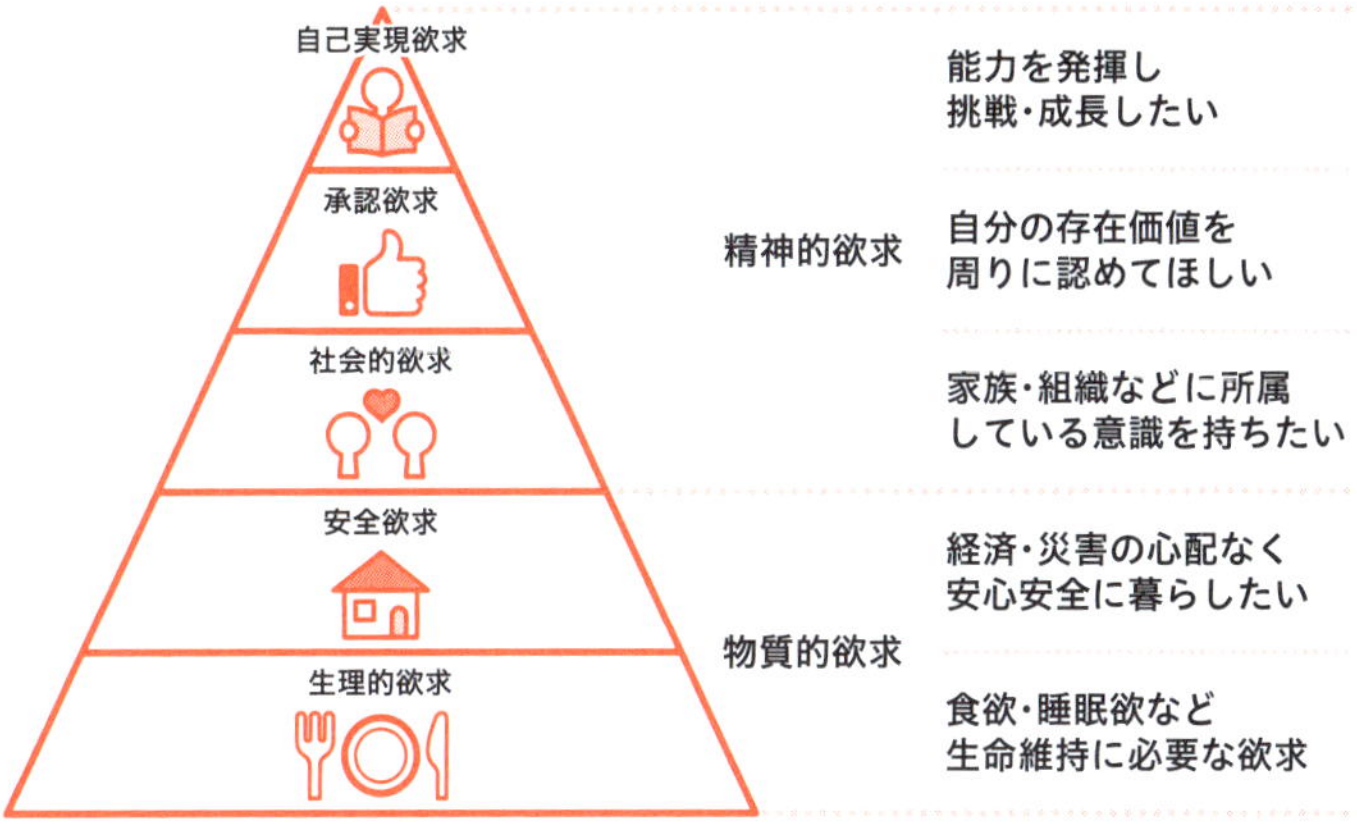

そして、一番上の自己実現欲求を満たすときは「難しいけどまずはやってみてください」とだけ伝えるより「難しいけど、次の成長につながる挑戦だと思うのでやってみてください」と伝えてみましょう。

この一言で仕事に成長や挑戦などの意義を見いだすことができ、前向きな気持ちを引き出すことができます。

所属意識や承認されている感覚が生まれると、人は自然に動き始めます。そして、その延長として自己実現に向けた成長や挑戦を受け入れる余裕が生まれるわけです。

これら三つの欲求は人が動くシンプルな動機になります。ぜひ覚えておいてください。

5

プライドを一番に考える

「プライド」という言葉を聞いて、どのようなことをイメージしますか？

プライドが高い、自尊心が強い、自分の考え方を曲げない……。そんなことを連想したのではないでしょうか。

プライドは、先ほどお伝えしたマズローの欲求5段階説のうち承認欲求からくる感情です。欲求の一つですので、実は誰しもが持っているものです。

しかし、その現れ方には個人差があります。

一目見てプライドが高いとわかる人もいれば、なかなか表に出てこない人もいます。

プライドが目立たない人とは「すでに承認欲求が満たされていて心理的に余裕がある」「理性で感情をコントロールできているのでなかなか表に出てこない」「自信がないのでプライドをのぞかせる機会がない」、このいずれかでしょう。

プライドを持つことには良い面と悪い面の両方があります。

良い面としては「責任感を持って仕事に取り組む」「仕事の質を落とさないように努めようとする」といったことが挙げられるでしょう。しかし、これらが満たされないと劣等感や挫折感などのネガティブな感情を引き起こします。

同じように、欲求5段階説のうち社会的欲求は帰属意識や信頼感につながりますが、満たされない場合は疎外感や孤立感となって現れます。

当然これらの感情は人間関係に大きな影響を与えます。よって、相手が感情を表に出すタイプかどうかに関わらず、プライドの取り扱いには注意が必要なわけです。

特に気をつけたい上司や目上の人のプライド

そのなかでも特に気をつけたいのが上司や目上の人のプライドです。上司として一番恐れているのは**自分の経験や立場を否定されること**です。

「それは違うと思います」「それだと難しくないですか?」「あの部門のやり方のほうがうまくいっていますよね」……。これらの言葉は、部下にとってはただ正論を言っているつもりであっても、聞いた上司は危機感を抱くものです。しかも、その正論が的を射ているほど関係を悪化させる要因になります。

なかでも注意が必要なのは、次のように成功体験を真っ向から否定することです。

「今は時代が違います」「もうそのやり方は古いです」。

そう思う瞬間があっても、このような直接的な言葉で伝えるのは避けたほうがいいでしょう。序章でお伝えしたように、上司だって感情を持った一人の人間です。

組織をより良くするため、仕事の成果を上げるためについ言いたくなるかもしれませんが、伝え方を一工夫するだけで余計なトラブルに巻き込まれずに済みます。

できるだけ否定的な表現をしないことを心がけましょう。

「なるほど、○○さんはそういう考えなんですね！」

「違った切り口かもしれませんが、私はこのように考えました。いかがでしょうか？」

相手の意見に理解を示しつつ、**自分の意見を横に並べて置く**ように伝えてみてください。

このようなプライドへの配慮は一見面倒に思えるかもしれません。しかし、一度プライドを傷つけてしまうとその人との関係を修復するのは非常に困難です。

逆に、相手のプライドに配慮するコミュニケーションを続けることで、驚くほどスムーズな信頼関係を築くことができます。

相手の立場で考えて、感情に配慮したコミュニケーションをとる。

それが職場での人間関係を円滑にする重要なポイントなのです。

6

人の本能は数万年前から変わらない

実は、人間の脳は旧石器時代からほとんど変わっていません。

私たち人間は、進化の過程で高度な理性を獲得しました。複雑な言語を操り、技術を発展させ、社会を築き上げてきました。しかしその一方で、**根底にある本能は数万年前の旧石器時代の人とほとんど変わっていない**と言われています。

さまざまな社会問題を鋭い切り口で解説した著書が数多くある橘玲氏は、今を生きる人たちを「旧石器時代のこころでアスファルトジャングルを生きる」と表現しています。

旧石器時代から縄文時代にかけて、人々は集団生活を営みながら狩猟採集を行い、協力して子育ても行っていました。生き延びるためには「集団から排除されないこと」と「集団のなかでの役割を果たすこと」が何よりも重要だったからです。

これが、現代の私たちに深く根付いている社会的欲求と承認欲求のルーツです。

進化の時間軸を考えてみましょう。旧石器時代はおよそ3万8000年前にあった文明です。そして縄文時代は約1万8000年前にありました。つまり、どちらも数万年単位をかけて思考パターンを培ってきたのです。

一方、産業革命が起きたのは18世紀後半ですから、現在に至るまで長く見積もっても300年ほどです。この期間で人間は機械を使って生産性を向上させ、情報を流通させ、産業を進化させながら働く「理性の世界」を生み出したわけです。数万年に比べて、たったの300年。私たちの本能を劇的に変えるには到底足りない時間です。

人間の脳には、**本能脳**（本能をつかさどる脳）と**理性脳**（理性をつかさどる脳）があると言われています。本能脳は瞬間的な感情や直感的な判断を生み出し、理性脳は時間をかけて論理的に分析し、冷静な判断を下します。

例えば、上司から強い口調で指摘を受けたとき。本能脳は即座に危険を察知し、怒りや恐れの感情を引き起こします。一方、理性脳はなぜそう言われたのか、どう対応すべきかと冷静に考えようとします。

厳しい指摘を受けたときに怒りや恐れの感情が起こるのは仕方のないことです。本能による反応なのですから。その感情をコントロールできるかどうかはまた別であり、そこから先は理性の話です。もし会社にいる人全員が本能のままに動いていたらどうなるでしょうか？　到底仕事は成り立たないですよね。

アンガーマネジメントでは「怒りが湧き起こったら6秒我慢しよう」と言われます。これは、本能脳と理性脳の働きにもとづくものです。本能脳はゼロ秒で反応し、感情的になります。かたや理性脳は、少し遅れて反応し、状況を分析します。つまり、怒りに直面したときに「どのように対処すればいいのか」を考えるために時間をとっているのです。

まずは深呼吸をして6秒ほど間を置く。

これが人間の本能を制御する唯一の方法と言えるでしょう。

自分に本能が備わっているように、**自分以外の人もまた本能を持ち合わせています**。そして、相手がその本能を制御する術を身につけているとは限りません。これを理解しておくと、コミュニケーションのあり方が変わってきます。

例えば、同じ会社の人が感情的な反応を示したとき。それを未熟な行動として切り捨てたり、こちらも本能的に反応したりするのではなく、相手の背後にある本能を想像してみてください。そのうえで自分の意見を伝えられれば、より建設的なやり取りができます。

旧石器時代から続く人間の根本を理解すること。それが現代社会の人間関係やコミュニケーションをスムーズにするカギとなります。

7

チームの衝突にはパターンがある

できれば誰とも衝突することなく仕事をしたいですよね。

しかしながら、組織変更で上司が変わったりメンバーが入れ替わったりすると、チーム内で意見がぶつかり衝突が起こることがあります。

こうした経験をすると「チームで働くのは面倒だ」「一人で仕事をしたほうが楽だ」と思うようになるものですが、会社で働く以上チームで協力する場面を避けて通ることはできません。

実は、**チームの衝突には一定のパターンがあります**。

心理学者のブルース・W・タックマンが考えた「タックマンモデル」は、チームの成長過程を四つの段階に分けて説明します。

最初は「**形成期**」です。「どこまで意見を言っていいのだろう……」「自分はどう見られているだろう……」と新しいメンバー同士が互いに探り合い、様子見をする時期です。表面的には和やかですが本音は隠されています。そのチームの空気や暗黙のルールを観察している状態です。

次に訪れるのが「**混乱期**」です。ある程度空気が読めてくると、どのように発言すればよいのかわかってきます。メンバーからは次第に意見が出てくるようになりますが、それは本音のぶつけ合いであるため、衝突が起こりやすくなります。

例えば、「丁寧に仕事をする人」と「スピードを重視する人」の対立や、「前職での経験を押しつける人」と「そのやり方は古いと決めつける人」の対立。ほかにも「自分の意見を通そうとするあまり、相手の提案を頭ごなしに否定する人」も現れるようになります。

これらは、チームメンバーの価値観や能力を探りつつ、自分のポジションを確立しようとする姿勢の表れです。相手より上に立とうとする心理、つまり承認欲求を巡ってバトルが展開されているのです。猿山の猿がごとく、マウントをとって優位な地位を占めようとしています。確かに、本能的にはそのほうが生き残る確率が高くなります。

一見何のメリットもないように見えるこの混乱期。しかし、**実はチームにとって重要な時期**なのです。表面的な関係から脱し、互いの距離感を図って本音でぶつかり合える関係に進歩しているともいえます。

この段階を経て、チームは「**統一期**」に入ります。お互いの強みと弱み、考え方の違いを理解し、受け入れられるようになります。また、自然と「リーダーシップをとる人」と「フォロワーに徹する人」、「論理的な思考を得意とする人」と「感情面に強みを見いだす人」など、それぞれの得意分野を生かした役割分担が進んでいきます。

さらに進むと「**実行期**」になります。チームとして一体になり、高いパフォーマンスを発揮できる段階です。ここまでくると互いの特徴を理解し合っているので、細かい説明をしなくても連携がうまくいくようになります。サッカーで言うところの「目と目が合うだけでどこにパスを出してくれるのかがわかる」状態に近いです。

ただし難しいのは、混乱期を乗り越えられずにそこで停滞してしまうチームがあることです。互いにギスギスしたままであり、チームワークが醸成されずに組織が空中分解することもあります。

そうならないためにも、前項でお伝えしたように、感情を理性でコントロールしつつ、自分の意見を建設的に伝える。そういった心がけが必要になるわけです。

8

多様性＝良いことは本当だろうか

働くうえでの「多様性」を見極められていますか？

「これからは多様性が重要だ」と語る経営者は多いものの、実際に働く現場の社員からすると、「自分と異なるタイプの人とのコミュニケーションはやりにくい」と感じることは少なくないでしょう。多様性を推進するには、その利点だけでなく、課題や現場でのリアルな感覚を理解する必要があります。

そもそも、多様性（ダイバーシティ）とは一つの事柄を指す言葉ではありません。その中身を紐解くと、大きく次の二つに分けられます。

一つは**属性の多様性**です。性別、年齢、国籍、障がいの有無など、目に見える特性の違いです。そしてもう一つは**価値観・専門性の多様性**です。こちらは物事の捉え方や培った専門知識、経験の違いです。

マシュー・サイド著『多様性の科学』では、特に後者の**価値観・専門性の多様性が組織のパフォーマンスを高める**と指摘しています。

例えば、ある複雑な問題解決の課題では、画一的なチームの正答率が54%だったのに対し、多様性のあるチームは75%と高い成果を上げています。

また、個人で解いた場合は44%のため、画一的であっても、一人で取り組むよりはチームのほうがより良い結果につながることがわかっています。しかし、**多様性のあるチームだとさらに高いレベルで正解を導き出す**ことができます。

マシュー・サイドは、「定型的、単純な問題の場合は、処理するだけなので画一的なチームのほうが優れている」「複雑な問題の場合は、見落としをなくすための異なる視点を持てるので、多様性のあるチームのほうが優れている」とも言っています。

つまり、新商品の開発などは多様な視点があるほうがより良いアイデアが生まれやすく、手配業務やクレーム対応業務などはチームメンバーの価値観が近いほうがスムーズに進むといえるでしょう。

もちろん、多様性には利点だけでなく課題もあります。

特筆すべきは、**意見が異なるので意思決定に時間がかかる**ことです。

また、コミュニケーションのすれ違いや摩擦も起きやすくなります。

そもそも、人間には似た者同士で集まりたいという本能的な性質があります。自分と同質の仲間と一緒にいるほうが安心できるのは社会的欲求からくる感情であり、違う価値観の人と距離を置きたくなるのは自然なことです。

もし、「多様性＝良いこと」という単純な図式で考えていたとしたら、これを機に別の視点で考えてみませんか？　**属性や価値観の違いは、時にストレスや非効率を招きます。**

大切なのは、その時々の状況に応じて必要な多様性を見極めることです。そして、違いを認め合いながら、どのように協力していくか考えることです。

多様性に対する戸惑いや抵抗は自然なものとして受け入れつつ、それでも一歩踏み出して対話する。そうやって少しずつ理解を深めていくしかないのです。

多様性を理解するときのキーワードはダイバーシティ（diversity：多様性）とインクルージョン（inclusion：包含して活かせる）です。完璧なダイバーシティをインクルージョンできる状態は、一朝一夕に実現することはできません。しかし、その必要性と難しさの両方を理解したうえで進めていく意識を持っておくことが大切です。

9

「ただの集団」と「チーム」の決定的な違い

今いる職場では、互いに協力し合う意識を持って仕事に取り組めていますか？

なかには、自分が認められることしか頭にない人、プライベートを優先して最低限の仕事しかしない人など、チームの輪を乱すような人もいることでしょう。

そのような人が身近にいると、「なんて自分勝手なんだろう」「もう少し協力し合う意識を持てないのかな」と思うものでしょう。とはいえ、実際のところ自分もどの程度周りと協力すべきか迷うものですよね。「もしかして、まじめに働いている自分のほうが間違っているのでは？」なんて思う瞬間もあるかもしれません。


二つ前の項目でお伝えしたタックマンモデルのように、チームがパフォーマンスを上げるには時間がかかるものです。

しかしそれ以前に、そもそも「ただの集団」と「チーム」には大きな違いがあります。

それは「**共通の目標を持っているかどうか**」の違いです。


自分が所属している組織に共通の目標はありますか？

その目標に向かってメンバーは本気で行動していますか？

単なる人の集まりである集団では、**一人ひとり異なる目標**を持っています。

「自分の売上目標だけ達成できればいい」「自分の与えられた作業だけミスなく終わらせて定時で帰りたい」など、大小あれど個々人が達成したい目標はあるでしょう。

ただ、その状態では協力し合う動機づけは生まれません。このような集団のメンバーは、強いて言えば「自分が困ったときに助けてもらいたいから相手を助ける」というリスクヘッジを考えたギブアンドテイクの関係にとどまります。

一方、集団がチームになるためには**目指すべき共通のゴール**が必要です。

「新商品を発売してヒットさせる」「新しい市場に進出して開拓する」などのチームが協力することでしか実現できない目標があると、メンバーは自然と力を合わせるようになります。なぜなら「その目標を達成したいけど、一人では到底できない」という認識が生まれるからです。

この壁にぶつかって、そこで初めて「どのように役割分担をしたらいいのか」「どうやって一人ひとりの能力や特性を生かしたらいいのか」「どのように連携したらいいのか」といった建設的な考えが生まれます。

チームに協力するためには利他の精神も大切です。しかしそれ以上に重要なのは、メンバー全員が達成したいと心から思える目標があることです。

つまり、心のなかでは利己的な考え方であっても、それがチームの目標達成に向かう動機なのであれば、結果的にその働きはチームの一員として機能します。

そのチームの目標に向かう動機づけが**昇給や昇格などの外発的な報酬であっても、達成感や成長実感などの内発的な満足感であっても構いません。**

メンバーが共通の目標に向かって互いを信頼し、失敗を恐れずに挑戦できる環境。

そこにこそ、本当の意味でのチームワークが生まれるのです。

もしかしたら、まだ管理職でない人は「チームの目標を設定してメンバーを鼓舞するなんて難しいよ」と思うかもしれません。しかし、上司や同僚に「私たちのチームは何を目指しているのか」「どんなチームになりたいのか」を問いかけることはできるはずです。

それが、ただの集団からチームへと成長していくための最初の一歩となるのです。

10

意見の違いは立場の違いでしかない

人によって意見が異なるとき、どのように対応していますか？

例えばプレゼン資料を作るとき。先輩からは「データを細かく網羅的に入れて」と言われたのに、上司からは「ポイントを絞って簡潔に」と指示をされた。

あるいは業務改善について話し合ったとき。先輩は「今のやり方を改良すればいい」と言っていたけど、上司は「抜本的に見直してほしい」と言っていた。

結局、どちらの意見を聞けばいいのか迷ってしまいますよね。

同じチームで働いているのに、どうしてこうした意見の違いが生じるのでしょうか？

それは、**立場によって見えている景色が違う**からです。

先輩は、現場目線で実務に即した立場から判断しています。だからこそ、細かいデータや丁寧な対応を重視し、内容を明確にしたいのです。先輩は自分で現場を動かすわけですから、決して無理はせず、現実的にできる範囲で取り組もうとしています。

一方、上司は経営に近い視点で判断しています。あなたが上司から仕事の報告を求められるように、上司は自身の上長から説明を求められる立場にあります。そのため、資料を作るときはデータの詳細よりもポイントを簡潔に示してほしいのです。また管理職は現場と距離があるため、対症療法的な取り組みより、効果が見込める抜本的な改革を望みます。

これらの違いが、先輩と上司の意見のズレにつながっているわけです。

では、このような場合どうやって対応すればいいのでしょうか？

基本的にはまず先輩の意見を尊重しましょう。先輩は実務の詳細を理解しているため、その意見をもとに進めるのがベースとなります。そして、その先輩の意見を踏まえながら上司に相談します。「先輩からこのようなアドバイスをいただきました。この方向性で進めたいと思いますがよろしいでしょうか？」と確認を取るようにしましょう。

このときに大切なのは、**先輩を飛び越えて上司に直接確認をとらないこと**です。決裁権を持っている上司に直接確認したほうが早いと思うかもしれませんが、先輩との関係性を損なう可能性があります。

ただし、言われたことを鵜呑みにして先輩と上司の間を右往左往するだけではいけません。「この人には自分の考えがないんだな」と思われてしまいます。

人によって意見が異なる場合であっても、双方が言っていることをただ受け入れるのではなく、自分の考えを整理するようにしましょう。

立場によって見えている景色が違う

もちろん緊急時は別です。トラブル対応などの即時性が求められる場合は、自分の考えを整理したり先輩に仁義を切ったりするより、まずは上司に相談して判断を仰ぎましょう。その後で先輩に共有すれば問題ありません。

意見の違いは立場の違いでしかありません。自然なことです。むしろ、両者の視点を取り入れることでより良い判断ができるとポジティブに捉えることもできます。

まずは先輩の実務的な視点をもとに資料や企画を作成する。それを上司の戦略的な視点で磨き上げる。面倒だと思いますが、そんなプロセスを意識してみるといいのではないでしょうか。

11

忠誠心と貢献意欲を履き違える人

会社で働いていると次のような発言を耳にすることがあります。

「うちの会社は特殊だからさ」
「これが創業以来のやり方なんだよね」
「会社のために頑張ろうよ」

一見すると会社を思いやる立派な発言のように聞こえます。
しかし、どこか違和感があります。

実はこういった発言の裏側には大きな課題が隠れています。
それは、**会社へのロイヤリティ（忠誠心）とエンゲージメント（貢献意欲）を履き違えていること**です。この二つを混同していると、結果として会社の成長を妨げてしまうことになりかねません。

例として、昇格制度の見直しを巡る人事部社員のやりとりを見てみましょう。

Aさん「今の昇格制度は変えないほうがいいと思います。実際、この方法で今までうまくいってきたわけですし」

Bさん「もちろん今の昇格制度にも良い面はありますが、新しい方法を取り入れれば若手の登用も進むはずです」

この2人の発言には、会社への向き合い方の違いが表れています。

Aさんの「会社のやり方を守る姿勢」は一見忠誠心が強いように見えます。しかしそれだけでは会社が抱える課題を解決することはできません。なぜなら、会社にとって必要な変化まで拒んでしまっているからです。つまりAさんは**本当の意味で会社に貢献しようとは思っていない**のです。

一方のBさんは「会社をより良くするためにはどうするべきか？」という視点のもと、制度の変更や新しい方法を取り入れることを提案しています。既存の制度を変えることで会社が良くなる方向を模索し、会社に貢献しようとしています。

『起業家のように企業で働く』の著者・小杉俊哉氏は、「プロフェッショナル意識のある人は、自らのスキルを活かして組織に貢献する意欲は高いが、総じて会社への忠誠心は薄い」と言っています。

例えば大谷翔平選手のような一流のプロスポーツ選手もそうです。皆、口を揃えて「個人の成績よりいかにチームに貢献できるかが大切だ」と言っています。ただし、一つのチームに長くいることに固執せず、自分がより貢献できる環境を貪欲に求めてステップアップしていきます。これこそプロフェッショナルに求められる視点でしょう。**仕事ができる人はピュアな忠誠心を掲げている人よりもチームへの貢献意欲が高い**のです。

忠誠心を持つことが悪いわけではありません。ただし、その忠誠心が「言われたことだけをこなす」「変化を拒む」という姿勢につながってしまっては意味がありません。忠誠心ではなく貢献意欲を持てるようになるためには、目の前の仕事をもっと良くできないか考えてみてください。

社員が会社に貢献するからこそ会社も社員に報いてくれるのです。会社と社員は上下の関係ではなく対等なパートナーであるべきだという意識を持ちましょう。

12

新人にスキルや知識は求めていない

明治安田生命の２０２４年調査では、理想の上司として内村光良さんと水卜麻美さんが8年連続でトップに輝きました。上司に求められる要素には、親しみやすさ、知性的・スマート、頼もしさなどが挙げられました。

あまり知られていませんが、同調査では理想の新入社員という項目もあり、鈴木福さんと芦田愛菜さんが1位に選ばれています。新入社員に期待することは、明るく朗らかである、受け答えがしっかりできる、謙虚さがあるなどが挙げられました。

では、少し視点を変えて「上司から見た困った部下」を考えてみましょう。

エン・ジャパン株式会社が２０１９年に行った調査では、上司が困ったと感じた部下の特徴として次の10項目が挙げられています。

① 言い訳が多い
② 報告・連絡・相談を怠る
③ 上司からの指示待ち

④ 基本的なルールを守らない
⑤ 謙虚さがない
⑥ 協調性がない
⑦ 仕事に意欲がない
⑧ 他人の意見を聞かない
⑨ 変化への対応力が低い
⑩ 自身のスキルアップに消極的

この調査で注目すべきは、**10位になるまで能力不足やスキルの欠如といった項目が含まれていない**ことです。むしろこの結果からわかるのは、部下の課題は次の三つに集約されるのではないかということです。

- 仕事に対する主体性がない
- コミュニケーションが受け身
- チームワークを意識していない

上司がもっとも気にしているのは専門的なスキルや知識ではなく、**基本的な立ち振る舞いやチームのなかでの協調性**なのです。

さて、あなたは仕事の言い訳をしていないでしょうか？

報連相を適切にできているでしょうか？

指示待ちになっていないでしょうか？

重要なのは、自分はやっているつもりという主観的な評価ではありません。**上司から見てどう評価されているかという客観的な視点**です。

すでに説明したように、伝わらなければ伝え手の責任です。自分ではやっているつもりでも、相手がそう思っていなければできていないのと同じことなのです。

上司との信頼関係を築くには、まずはこれらの基本的な振る舞いを整えることが最優先です。これらの基盤ができたうえで、ようやくスキルや専門性が生きてきます。

第3章

仕事のツボを理解する

1

仕事が順調でも報告が必要な理由

「結論から話そう」「会議では率先して口を開こう」「報連相はこまめにしよう」

ビジネスシーンではよく聞く話だと思いますが、大切なのはこれらのテクニックを覚えることではありません。その行動をする「目的」は何なのか、相手（上司）が「何を」求めているのか正しく理解することです。

仕事のテクニックを身につけようとする姿勢は大切ですが、それだけに頼るのは危険です。それは木を育てるときに枝葉のみに注目し、根や幹を無視しているのと同じことだからです。どんなに小手先のテクニックを集めても、その本質的な目的を理解しない限り真の成長は望めません。

これまで第1章では「根」を理解する重要性についてお伝えしました。
続く第2章では「幹」を形成する考え方を解説しました。
そしてこの第3章では具体的な「枝葉」となるテクニックをご紹介していきます。

まずは、どのような仕事にも求められる報告についてお伝えします。

部下の立場からすると、「細かく上司や先輩に報告をするのが面倒くさい」「どこからどこまで報告をしたらいいのかわからない」「報告をするたびに何かしら言われるので、できれば報告なんてしたくない」といったところが正直な感想でしょう。

もしかしたら「報告をするのは若いうちだけ」「出世をしたら報告をしなくて済む」と考えているかもしれませんが、残念ながらそれは間違いです。マネジャーは自分の上司に、その上司は社長に、そして社長は取締役会や投資家への報告が求められています。

つまり、**報告は他人と仕事をするうえでの必須行為**です。仕事のついでにすることでもなければ、「うまくいっているんだから別にいい」というものでもないのです。

ちなみに「私は報告を聞くのが好きなんだよね」という上司はそうそういません。

上司にはチーム全体を健全な状態で運営し成果を上げる責任があるため、次の四つの理由で報告を聞く必要があるわけです。

一つめは「**クオリティをチェックする**」ためです。部下と上司で求めているクオリティが異なることがあります。部下が「この企画書は完璧だ」と思っていても、上司から見たら「自社のことばかりで競合の視点が抜けている」なんてこともあるわけです。

二つめは「**トラブルを未然に防ぐ**」ためです。今は順調であっても次のプロセスにリスクが潜んでいる場合もあるため、その芽は摘んでおかなければなりません。例えば、チーム内での議論はうまくまとまっていたとしても、他部署との調整でトラブルが発生することもあります。報告を受けることで上司はそのリスクを事前に回避できます。

三つめは「**仕事の割り振りを考える**」ためです。新しい仕事は常に入ってきます。その仕事を誰に割り振るか判断するには、一人ひとりの部下がどのくらい忙しいのか、いつタスクが完了するのか把握する必要があります。

四つめは「**自分の上司への報告に備える**」ためです。たとえ管理職であっても、さらに上の役職からチーム状況について質問される立場です。質問されたときに適切な状況説明ができなければ管理能力を疑われてしまいます。報告はそのための重要な情報源です。

重要なのは、**報告は自分のためではなく上司にとって必要な行為**だと理解することです。上司がチームを円滑に動かすために、うまく進んでいても報告をしましょう。

2

報告の冒頭に欠かせないのは所要時間とテーマの二つ

報告したいときに限って「相手が忙しそうで話しかけづらい……」と感じるものです。そんな状況でも遠慮をしてはいけません。遠慮はマイナスにしかなりません。

具体的なコツをお伝えする前に、まずは上司の時間感覚を理解しましょう。

上司が使える時間はあなたの数分の1です。これは前提として知っておいてください。上司にとって部下は複数いるため、一人ひとりに十分な時間をとることはできません。部下が6人いる場合、一人につき30分の状況確認をするだけでも合計3時間必要になります。当然、部下が増えれば増えるほど一人あたりの時間は少なくなります。

最近はプレイングマネジャーとして自身の業務を抱えている場合も多く、部下に任せられない難しい仕事を自分で処理している上司もいます。

また、**部下から見えている上司の姿は半分だけ**であることも覚えておきましょう。残りの半分は、社長を頂点とした管理職世界の最下層として、業績や数値に関して厳しい責任を負っています。まずはそういった上司の状況を頭に入れておいてください。

効果的な報告のコツは、次のように**時間とテーマをまず伝える**ことです。

「お忙しいところすみません。1分ほど報告のお時間をいただけませんか？　来週のイベントスケジュール変更についてです」

時間の目安としては、単なる報告をしてOKだけもらいたいなら1分、選択肢を提示し上司の判断を仰ぐなら3分と使い分けてください。短時間で済むと判断されれば、その場で聞いてもらえる可能性が高まります。

人の心理は中途半端な状態を嫌います。つまり、**報告のテーマを聞くとその場で処理をしたいと思う**わけです。

もちろん、トラブルや緊急性の高い案件であればそのニュアンスを明確に伝えます。

「緊急で確認いただきたい件です。5分だけお時間よろしいでしょうか？　イベントの大規模な変更依頼に関する件です」

緊急性の高い案件でも上司にその切迫感が伝わらなければ、いつもの報告と認識され、後回しにされてしまいます。

また、10分以上の報告であれば上司の予定を確認し、後にすべきか確認しましょう。

「15分ほど報告のお時間をいただきたい件があります。来年の営業戦略の資料についてです。今すぐが難しければ、後ほどお時間をいただけますか？　明日中にはご確認いただきたい内容です」

このように伝えれば「30分後でいいかな？」などと時間の指定をしてくれます。

そうは言っても報告のタイミングを見計らうのは難しいでしょう。

そのような人におすすめしたいのが、**報告頻度をあらかじめ相談する**ことです。

自分はどのくらいの頻度で報告をすればいいのか上司に確認してみてください。

一人ひとりの自律度合いは違うのですから、報告頻度も違って当然です。

自律した部下であれば、動きがあったら報告するくらいで構いません。しかしまだ一人立ちしていない部下であれば、日時を決めて定期的に報告するほうがいいでしょう。

「2週間に1度、15分ほど報告の時間をいただけませんか？　例えば、水曜日の午前9時からではいかがでしょうか」

このような形で報告を定例化できないか相談してみましょう。

定例化することで報告のタイミングが明確になり、お互いの負担が軽減します。

3

結論とは筋がいいと思う意見のこと

上司への報告で悩ましいのが説明の範囲です。

細かく報告すると「要点だけ話してくれ」と言われ、手短に説明すると「全体像が見えないからもっと具体的に頼む」と言われる。こんなこともあるでしょう。

例えば、次のやり取りは商品の配送トラブルに関する報告でありがちな光景です。

上司「トラブルが起こったんだって？　ちょっと報告してくれる？」

部下「えっと……、A社さんに納品した本棚が20台あります。そのうちの1台にトラブルがありまして、お客さまの総務部の方からクレームの連絡がありました。納品したトラックの運転手に確認したところ問題なかったと言っていますが、お客さまは怒っています。ただ、本棚を丸ごと交換すると費用がかかりますし、かといって……」

上司「いいから、結論だけ言ってくれ」

部下は良かれと思って詳細を説明しているのでしょう。しかし上司が知りたいのは「結局どう対処するか」という結論です。この説明では単にだらだらと状況だけを伝えているため、かえって上司をイライラさせる原因になってしまっています。

報告のコツは結論と整理された理由

効果的な報告をするために重要なことは二つあります。

一つは結論を明確にすること、もう一つは結論に至った理由を整理して伝えることです。

結論とは自分が「筋がいい」と思う意見のことです。正解や正しい答えである必要はありません。序章にて、仕事のコミュニケーションは未来に対する方向性を決めることだと話しました。未来は誰にも予測できないため答えはやってみないとわかりません。自分が現時点で「筋がいい」と思っている意見を提示すればよいのです。

先ほどの配送トラブルに関して言うなら、本棚を交換する、修理をする、何もしないでいいなどの可能性があるはずです。そのなかで筋がいいと思うものを伝えてください。

もし結論が出せない場合は、考えうる選択肢とそのメリット・デメリットを比較しながら提示しましょう。

「結論はまだ絞り込めていないのですが、交換か修理のどちらかだと思っています。それぞれのメリットとデメリットは……」というようなイメージです。

次に、結論に至った理由を整理して伝えます。

整理とはグルーピングすることです。先ほどの配送トラブルの例で言えば、現状、原因、解決策でグルーピングすることが整理になります。

そのように考えてみると、次のように整理された報告ができます。

- 結論「A社納品の本棚のクレーム対応ですが、交換の手配をしたいと考えています」
- 現状「納品した本棚が20台あり、そのうち1台に傷があるという連絡がありました」
- 原因「工場検品はしているので、配送段階での損傷と考えられます」
- 解決策「交換か修理の選択肢がありますが、A社との信頼回復を優先してスピード重視の交換対応を提案します」

このように結論を先に述べ、その理由を整理して報告すれば、上司も前よりスムーズに判断しやすくなります。

4

報告時にメモを渡す絶大な効果とは

「伝えたつもりなのにきちんと伝わっていなかった」

これは報告においてよくあるトラブルです。

なぜこのようなことが起きてしまうのでしょうか？

これまでにお伝えしてきたように、上司というのは多忙な存在です。やらなければならないことが山ほどあります。そのため、表面上では真剣に報告を聞いているように見えても、頭のなかでは別のことを考えているものです。そうやって集中力が欠けているときは、聞き漏らしたり、報告の内容を忘れてしまったりすることもあるでしょう。

このトラブルを劇的に回避できる方法があります。それは**メモを渡すこと**です。

Ａ４用紙一枚あれば十分ですので、報告をするときは必ずメモを作って上司に渡すようにしましょう。

メモを渡して、報告事項の数と説明時間を簡単に伝えるだけでいいのです。

ちょっと面倒だなと思うかもしれませんが、この効果は絶大です。

メモを渡す効果は次の五つに集約できます。

①報告する内容を事前に書き出すことで、頭の整理をした状態で報告ができる
②報告の抜け漏れを防ぐだけでなく、「言った言わない」がなくなる
③その場で指示を受けたとしても、その用紙に加筆すればそのままメモになる
④急用が入って上司の時間が取れなくなっても、メモを渡せば概要が伝わる
⑤上司に「頭の整理ができている部下」と印象づけられる

また、報告後にそのメモを見ることで内容の振り返りができます。

メモの作成にかける時間は10分以内

メモの作成は簡単です。**今から話そうと思ったことを箇条書きにするだけ**です。

作成にかける時間は10分までとしてください。もしメモを作るのに1時間もかかるようでは、そもそも報告する内容がまとまっていないということです。

メモが出来上がったら、同じものを自分用と上司用の二部印刷してから説明を始めます。文字はギチギチに詰め込みすぎず、追加のメモを書き加えられるスペースを残します。余白の部分に、報告中に言われたことを書き込んでいきます。

報告後のフォローアップとして、その場で言われたことも含めて上司にメールしておけば完璧です。

ちなみに、報告が終わってもまだそのメモを捨ててはいけません。次回の報告時まで取っておくことで、そのときに受けた指示を確認できます。特に**上司から言われたことの手書きメモを見ることで、そのときの記憶を蘇らせることができます。**

万が一上司が前回と異なる指示を出した場合でも、メモを見せながら「課長、前回はこうおっしゃっていましたよ」と柔らかく指摘することにも使えます。

ちょっとした習慣づけで、上司から「できるな！」を引き出す報告のコツです。

ぜひ実践してみてください。

5

「話す」よりも「聞く」が大事だと言われる本当の理由

人の話を聞くのは難しい。

そう思うことはありませんか？

プレゼンの技術、交渉術、説明の順番を意識する……。
これらをトータルした話す技術はいつの時代も注目を集めていますが、**話す人がいればその分、いやそれ以上の数「聞く人」がいる**ものです。しかし、それでも今なお話の聞き方より話し方に意識を向けている人が多く見受けられます。
これは、コミュニケーションのことを「話す人のためのもの」と思っているからではないでしょうか？

そもそも、コミュニケーションとは次のプロセスで成り立っています。

① 話し手が思いを言葉に置き換える
② それを聞き手が受信し、意味として理解する

言うまでもなく、コミュニケーションとは話し手と聞き手の共同作業によって成り立っています。どれだけ頑張って話をしても、その言葉が届いていなければコミュニケーションが成立したことにはなりません。

より具体的に言うと、次のようなつまずきが発生することがあります。

①話し手が思いを正確に言葉にできない
②聞き手が言葉を正確に受信できない
③聞き手が言葉を話し手の意図どおりに解釈できない

コミュニケーションエラーが起こるのはこのいずれかのパターンです。

こうして見ると一目瞭然ですが、正しい話の聞き方さえできていたら、コミュニケーションエラーの半分はなくなるでしょう。

デール・カーネギーは、著書『人を動かす』のなかで、人を動かす原理として「重要感を持たせる」ことが大切だと述べています。その意味でも、話を聞くことは重要です。

影響力は話の聞き方に表れる

つまり、自分のことを「重要な人」「大事な人」だと思ってくれている人のことなら進んで従おうとしてくれるということです。そして、相手に興味を示し、話を聞き、褒めることが好意を持たせるのに有効だと言っています。

人を動かすというと、どのように伝えるかという話し方に注目が集まります。

しかし、**影響力に違いが表れるのは普段の話の聞き方です**。

仕事における話を聞くスキルとは、信頼関係を築くためにも、仕事を円滑に進めるためにも、そして何より相手に動いてもらうためにも重要なのです。

6

聞いているサインは、相手に届かなければ意味がない

話を聞くときは、聞いているサインを相手に送りましょう。

前項でもお伝えしましたが、コミュニケーションとは話し手が発信して聞き手が受信することで成り立っています。そのため、話をしている人は「今自分が話していることはきちんと伝わっているかな？」と相手の表情や態度が気になるものです。

このとき、うなずきや目が合うなどの聞いているサインがあれば安心して話を続けることができます。

しかしこのサインがないと「もしかしたら今の話は伝わっていないのかも……」と話しながら不安になってしまうものです。なかには、その不安を解消しようと同じ話を繰り返してしまう人もいます。聞いているサインを送るのは聞き手のつとめです。

サインは表情、うなずき、相づちの三つ

サインといっても特別なことをする必要はありません。

ポイントは表情、うなずき、相づちの三つだけです。

まずは表情についてです。

あなたの表情は、次ページにある図のA～Dのどれに近いですか？

人間の口は真横一文字ではなく、Aのような緩やかに下がる山形になっています。

ところが、油断すると山の角度は高くなりBのようになります。

集中して仕事や考えごとをしているときなど、誰かから「怒ってる？」と言われたことはありませんか？　自分では気がつきにくいかもしれませんが、このようなときはBのように山の角度が高くなっているものです。

人は基本的に無表情です。だからこそ意識的に笑顔をつくらなければなりません。

図ではCが満面の笑みですが、なにもここまで大きく口を開けて笑う必要はありません。やってほしいことはDのような笑顔です。ポイントは口角を上げることです。

口角を上げることは、それだけで話を聞いているサインになります。


次にうなずきです。

「いやいや、さすがにうなずきくらいはしていますよ」と思われるかもしれませんが、意外とできていない人が多いものです。

自分の表情を確認しよう

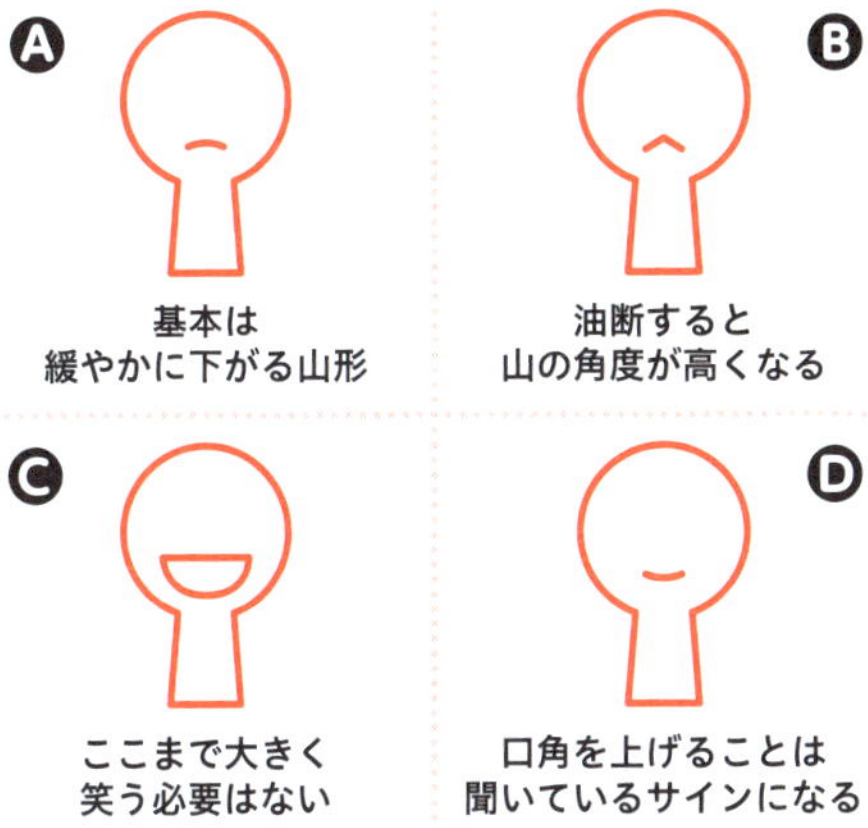
A
基本は
緩やかに下がる山形
B
油断すると
山の角度が高くなる
C
ここまで大きく
笑う必要はない
D
口角を上げることは
聞いているサインになる

うなずいているつもりでも、ほとんど首が動かない人もいます。相手に伝わるよう多少オーバーぎみに首を上下に動かしましょう。

最後に相づちです。

コミュニケーションは共同作業です。聞いているサインを送ると思って、相手の話に合わせて「へぇ〜」とか「なるほど〜」と反応を示してください。

相づちのなかでも相手の話をオウム返しする方法は効果的です。

例えば、話し手が「この前、北海道に行ってきたんですよ」と言えば、「へえ〜、北海道に行ったんですか！」と返します。そうすると明らかに聞いていることが伝わります。

7

仕事ができる人は目的を明確にする

「昨日の講演会の議事録をまとめておいてくれますか？」

上司からこのような指示を受けることがあると思います。

ただこの指示、具体的なことが示されていないため、わかるようでわかりません。

自分だったらどのように対応しますか？

とっさに言われたため、思わず「はい」と答えて席に戻ったものの、「あれ？　まとめると言ってもどうやってまとめたらいいいんだろう」と悩むようなこともあるでしょう。

そもそも、なぜこのようなふわっとした指示がされるのでしょうか？

もちろん、ただ単に上司の説明が足りないだけの場合もあります。

しかし上司のなかには「細かく指示を出していては部下のためにならないから、自分で考えて動いてほしい」と思ってそうしていることもあります。

部下からしたら迷惑な話かもしれませんが、このような曖昧な指示を受けたときはまず「**なんのためにこの仕事をするのか**」という目的を明確にしましょう。

上司の指示が曖昧なとき、多くの人は「どうやってやればいいんだろう」と方法を考えます。しかしそれより大切なのは「**なんのためにやるのか**」です。仕事をする目的が明確になれば、おぼろげながら方法が見えてくるものです。

視点を少しずらすだけで、仕事にかける手間はずいぶんと変わります。

先ほどの例を使いましょう。議事録を作成する目的が曖昧なまま作業を進めると、丁寧に時間をかけて4ページ分作成したにもかかわらず、上司から「ここまで細かくなくてよかったのに」と言われてしまうようなことも起こりかねません。むしろ、むだな時間を費やしたことを注意されるような事態すら考えられます。

大切なことをお伝えします。**仕事は全て次の順番で考えるべきです。**

①目的：「なぜ」するのか（WHY）
②指示：「何を」するのか（WHAT）
③方法：「どのように」するのか（HOW）

議事録作成の目的が社内で回覧して共有するためなのか、上司が活動報告をするためのメモとして使うのかによって必要なクオリティも変わるでしょう。

この場合も目的がわかれば方法もわかります。

- 目的　↓　社内で議事録を回覧して共有するため
- 指示　↓　議事録を書く
- 方法　↓　会議に参加していない人にも流れと決定事項がわかるようにまとめる

となります。活動報告のメモとして使う場合は次のようになります。

- 目的　↓　上司が活動報告をするためのメモとして使う
- 指示　↓　議事録を書く
- 方法　↓　上司が興味を引きそうなトピックを箇条書きレベルでまとめる

方法よりも先に目的を考える。そうすれば仕事のクオリティは今以上にアップします。

8

質問の切り込み隊長は重宝される

「何か質問はありますか?」


こう呼びかけられたとき、真っ先に質問ができているでしょうか?

上司から仕事の指示を受けたとき、社内説明会があったとき、セミナーを受講したとき。いたるところで質問がないか聞かれるものの、何も思い浮かばず気まずい空気が流れるものです。きっと今日もどこかで同じやり取りが繰り広げられていることでしょう。


私は社外向けの研修講師もしているのですが、**元気のない会社ほど質問が出にくい**傾向にあります。かといって、全員が話を理解しているかというとそうでもありません。

質問が出ない理由としては、

「『こんなこともわからないのか』と思われるのが恥ずかしい」

「個人的な質問でみんなの時間を奪ってしまうのが申し訳ない」

などの心理的な壁があります。

ところが、一人が質問をするとそれをきっかけに次々と質問が出てくるものです。

これは心理的安全性と集団心理の働きによるものです。

誰かが最初に質問をすることで、「質問をしても否定されたり評価を下げられたりする心配はない」というメッセージが場に伝わります。この心理的安全性が集団全体に広がり、ほかの人も質問しやすくなるのです。

また、人は集団の行動に影響を受けやすい生き物です。誰かが質問をすると「自分も同じように行動していいのだ」という暗黙の許可が下りたように感じます。加えて「自分も質問しないと置いていかれるかも」という心理も働くため場が活性化するのです。


そこでおすすめしたいのは**質問の切り込み隊長になること**です。

質問をする目的は、単にわからないことを確認するだけではありません。

「わからないことを聞く」「自分が正しく理解しているかを確認する」「話に興味を持っていることを伝える」。質問にはこれら三つの重要な意義があります。

特に重要なのは興味を示すためです。これは「あなたの話をもっと知りたい」という気持ちを伝える役割があるため、単なる確認作業を超えて相手との関係性を深めることにもつながります。
以下はどの場面でも使える質問例です。何も思い浮かばない場合の参考にしてください。

- 具体例を聞く「先ほどの説明の具体例を教えていただけますか？」
- 大事なポイントを聞く「もっとも大切なポイントを選ぶとすればどこですか？」
- 注意点を聞く「進めるうえで注意すべきポイントがあれば教えてください」

一通り説明をしてもらって、自分では必要なことを全て確認できたと思っていたとしても、「何か質問はありますか？」に対して「特にありません」と答えるのはNGです。

先ほどお伝えしたように、質問には相手に興味を示す役割もあるため、「質問がない＝相手に興味がない」という意図しないメッセージを送ってしまうことになりかねません。

もっと知りたい、理解したいという姿勢が伝われば、徐々に関係性が深くなります。

9

忙しいときに追加の仕事が舞い込んできたら

忙しいときに仕事を頼まれることはよくあると思います。

「すみません、今はちょっと忙しくて……」と言いたいところですが、なかなか断ることは難しいですよね。かといって、何でもかんでも引き受けていると仕事量の多さにキャパオーバーしてしまい、かえって効率が下がってしまいます。

そんなときに考えてほしいのは、**仕事の重要度と緊急度**です。

「そんなの当たり前すぎるよ」と思われるかもしれませんが、徹底してコントロールできている人はわずかです。

後から入ってきた仕事でも、重要度と緊急度が高い場合は今進めている仕事を止めてでもそちらに注力しなければなりません。ただ、この判断が難しいのです。

以前、ある部下に仕事を頼んだとき「いろいろやることがあって忙しいので今はできないんですよ」と断られてしまったことがあります。

確かに忙しそうな様子だったので、今はどのくらいの作業を抱えているのか書き出してもらいました。すると出てきたのは、備品の注文、メールの処理、資料の整理、交通費の精算といった重要度も緊急度も高くない作業ばかりでした。

部下のまじめな性格も相まっていろいろな先輩から仕事を頼まれるのですが、その結果優先順位が判断できなくなり、とにかく依頼された順に処理していたのです。

そこで、いったん**作業リスト**を作ってもらうことにしました。

そのリストにそれぞれの作業の見込み時間と締め切りを書いてもらったのです。

すると、今やっているのは1日15分で片付くようなものがほとんどであることがわかり、それからは落ち着いて仕事を処理できるようになりました。

とはいえ、ときには本当に忙しくて上司から依頼された仕事に時間をかけられないこともあります。そんなときは次のように対応することで上司とスムーズに連携がとれます。

まずは先ほどの例のように作業リストをつくりましょう。各作業の見込み時間と締め切りを書き出し、仕事を依頼してきた上司にそれをチェックしてもらいます。

忙しいときに追加の仕事を頼まれると、つい「今はいろいろあって難しいです」と言いたくなりますが、上司からしたらその情報だけでは判断のしようがありません。

もし上司の頼みたいことがもっとも優先すべき仕事であれば、作業リストを確認することで何を後回しにするべきか指示をしてくれるでしょう。

また、上司以外の人から頼まれた仕事の納期を遅らせるかどうかの判断をしてもらいやすいのも利点の一つです。それがタフな相手なら上司にその調整をお願いするべきです。

ほかの仕事を抱えているから断る。

断れないからなんとなく受ける。

そのどちらでもなくて、**常に優先順位で判断しましょう**。

そして、その優先順位は「自分にとって」ではなく「上司にとって（つまりチームにとって）」であることをセットで覚えておいてください。

10

部下のミスのパターンはいつも同じ

「また数字が間違っているぞ。ちゃんとチェックしたのか？」

「ダメだ。それだとお客さんの視点に立っていないだろ」


上司のこのような叱責にうんざりしている人も多いのではないでしょうか。

しかし、もし毎回同じような場面で怒られているのであれば、それは怒られる原因がパターン化しているのかもしれません。

実際、管理職の人に話を聞いてみると「〇〇さんはよく数字を間違える」「△△さんは自分の視点でしか物事が見えていない」と言っています。

つまり、**部下のミスのパターンはいつも同じ**なのです。

言い換えれば、自分がどんなパターンで怒られるのかを把握しておけば怒られる確率をグッと減らすことができます。これはやっておいたほうがいいですよね。


そのためにまずやるべきことは「怒られメモ」をつけることです。

怒られた直後はそのことで頭がいっぱいでしょう。なので、少し時間が経って落ち着いてから「あのとき上司は何について怒っていたかな？」と振り返ります。

できれば、上司が言っていた言葉をそのままメモするといいでしょう。

そうして、しばらく時間が経ってからメモを読み返してみると、似たようなフレーズが繰り返されていることに気づくはずです。「根拠が甘い」「お客さんのことを本気で考えていない」とひんぱんに言われている……。そのようなパターンが見えてきます。

同じ理由で怒るのは、上司がそのことを大切だと思っているからです。

そして、あなたがそのことを意識できていないからです。


よくある怒られパターンは次のようなものです。

- 相手（お客さんなど）のことを考えていない
- 報告に結論がない
- 理由や根拠が薄い
- 目的意識がない
- 拾い出しが甘い、ヌケモレがある
- 優先順位が間違っている

- 〆切やスケジュール感覚がない
- 予算やお金に対する見方が甘い
- 作業量を甘く見積もっている
- 役割分担が不明確

すでにお伝えしたように考え方や価値観は人それぞれ異なります。それはもはや前提です。**チームで仕事をするときには上司に合わせなければうまくいきません。**

であれば、上司が気にする「大切なことリスト」を作ってしまいましょう。

111ページでもお伝えしたように、上司のタイプ別に価値観を把握しておけばスムーズに仕事をすることができます。

例えば、理系リーダーなら「ポイントが明確になっていない」、文系リーダーなら「情熱が感じられない」、理系フォロワーなら「分析が充分できてない」、文系フォロワーなら「リスクをつぶせていない」ことを気にするかもしれません。

自分の怒られパターンと上司の価値観を把握すれば、同じミスをする確率はぐんと減ります。

11

その依頼に相手へのメリットは入っているか？

「今、働く環境の課題を把握するための意識調査をしています。お忙しいなか、お手数ですが、添付のアンケート用紙の内容について部門内でヒアリングしていただき、その内容を集約して用紙に記載し、来週中に事務局にメールで返信してください」

このように依頼を伝えるケースはよくあります。

ところが、その期日になってもなかなか必要なデータは集まらないものです。それもそのはず。なぜなら、この伝え方では**目的が一切わからない**からです。

すでに説明しましたが、仕事は全て次の順番で考えるべきです。

①目的：「なぜ」するのか（WHY）
②内容：「何を」するのか（WHAT）
③方法：「どのように」するのか（HOW）

依頼をするときも「目的」→「内容」→「方法」の順番が基本になります。

依頼がスムーズに進まない理由の多くは、目的がうまく伝わっていないことにあります。覚えておいてください。**目的は立場によって変わります**。

先ほどの例でいうと、依頼者の目的、内容、方法は次のようになるでしょう。

- 目的　↓　働く環境の課題を把握するため
- 内容　↓　各自が部門内でヒアリングして内容を集約する
- 方法　↓　添付のアンケート用紙に記載して、来週中に事務局にメールで返信

ところが、依頼を受けた側の人は次のように思うかもしれません。

「働く環境の課題を把握して何の役に立つんだろう。ピンとこないなあ」

「自分がわざわざメンバーにヒアリングして意見を集約しないといけないのか……」

「記載方法もよくわからないし、自分もメンバーも今月は忙しい時期なんだけどな……。ほかの部門はちゃんと提出するのかどうかちょっと様子を見てみよう」

依頼者としては目的を明確にしたつもりでも、相手にとっては全然ピンときてないし、そもそも何の意味があるのかも伝わっていません。そのうえ、内容も方法も面倒くさそう

なので、全くやる気にならないわけです。

会社にとってどのような意味があるのか、自分の部門にどのような影響があるのかなど、**「そもそもなんのため？」が伝わらなければ忙しい人に動いてもらうことはできません。**

この場合であれば「半年後にオフィスをリニューアルするときの参考のため」と書けば、会社として取り組んでいることが伝わりますし、自分にとってもリニューアルしたときに環境を良くすることはメリットになるので協力しようと考えるでしょう。

ポイントは「**目的が相手にとってメリットがあるように聞こえるか？**」です。一見するとメリットっぽいことを書いていても、相手に響かなければ意味がありません。


どの部門の人も、自分の部門の目的や目標を達成するために活動しています。他部門の依頼を全部受けていたら、いくら時間があっても足りません。

よって、依頼内容を取捨選択して協力するかどうかを選別しているわけです。

そうしたときに、よくわからない「目的らしきもの」が入っていても行動してくれないのは当たり前です。依頼文章を相手の気持ちで読み返してみて、自分が相手の立場でも依頼に答えたくなるようなメリットが入っているかを今一度確認してみてください。

12

若手の「べき論」は聞き苦しい

仕事をしていると、「なんでこの人はこんな仕事のしかたをしているんだ?」と思う瞬間があるでしょう。

そのようなとき、見るに見かねてつい口を出してしまいたくなるものです。

ただしその言い方には注意が必要です。

以下は先輩と若手のよくあるやり取りです。

先輩「やっぱり、こまめにお客さんを訪問して関係性を維持することは大切だよね」
若手「でも、目標達成のために見込みの低い顧客には時間を使わず効率化すべきです」
先輩「う〜ん、そうなんだけどね……」

周りに流されず、自分の意見がしっかり言えるのは大切なことです。

しかし、そのことにより誰かの気分を害してしまっては建設的な議論にはなりません。

人は発言をするときに正しいか正しくないかで判断しがちです。

ところが、自分の考えをうまく伝えるためにはほかにも配慮する点があるわけです。

それは相手のメンツ、つまり**プライド**です。

「プライドやメンツを気にしていたら古い企業体質は変わらない」「もっと正面から切り込まないといけない」と思うかもしれません。しかし、健全な会社が何でもかんでも正しさを優先し、相手の感情に全く配慮していないかというとそうではありません。

反論する場合は相手のメンツを考え、**慎重に言葉を選ぶ**ものです。

特に、まだ経験が少ない人の「べき論」は聞いていて浅く感じてしまいます。

なぜかというと、**べき論の後に具体的な代案がない**からです。

先ほどの例では、そもそも先輩が提示したやり方と若手が提示したやり方では優先するポイントが異なります。先輩はお客さまとの関係性の維持を気にしています。一方で、若手は目標達成に意識が向いています。この場合、双方のポイントを押さえられる具体案を提示してほしいわけです。

この例で求められているのは「お客さまとの関係性を維持しつつ、目標達成に必要な効率化をどのように実現するか」です。べき論だけでは話が前に進みません。

そしてもう一つ配慮してほしいことがあります。

それは、**相手のプライドを折らないマイルドな言い方**です。

コツはクッションワードを使うことと、語尾を疑問形にすることです。

クッションワードとは「確かにそうですね。ただ……」「少し違う視点ですが……」「個人的な意見なのですが……」といった主張を和らげる前置きのことです。

語尾を疑問形にするときは、「～すべきです」ではなく「～してはどうでしょうか？」「～する案ってどう思います？」と問いかける言い回しに変えます。

先ほどの例でいうと次のようになります。

先輩「やっぱり、こまめにお客さんを訪問して関係性を維持することは大切だよね」
若手「**確かにそうですね。ただ、**目標達成のために見込みの低い顧客には時間を使わず、効率化したほうがいいのではと思いますがどうでしょう？」
先輩「というと？」
若手「具体的には、見込みのある顧客にできるだけ時間を使って、見込みの低い顧客にはメールマガジンなどで関係性を維持する方法を考えるとかは**どう思います？**」
先輩「なるほど、それはありかもね」

こうして意見を尊重しつつ具体的な代案を示せば、建設的な議論ができます。

13

根回しとは単なる事前ヒアリング

職場には根回しが上手な人とそうではない人がいます。

根回しと聞くと、ずるい、ひきょう、裏技などのイメージがあるかもしれません。

確かに、会社には正式な意思決定の場である「会議」が存在します。にも関わらず、その前段階から決裁者に話を持ちかけて承認を得ようとするのは「ずるい」と感じても仕方ないのかもしれません。

しかし私はこう思います。**根回しとは単なる事前ヒアリングである**と。

「正々堂々と会議の場で説明して、そのうえで承認をもらうんだ!」という意気込みは素晴らしいと思います。ただ、実際のところ、会議で上手に決裁をもらえる人は必要に応じてしっかりと事前の根回しをしています。

根回しが必要な理由は二つあります。

まず一つは、**会議の時間だけでは決裁者に内容が理解されない**可能性があるからです。

提案する側は、時間をかけて熟考した内容なので「これで間違いない。伝わるはずだ」と思うものです。ところが話を聞く立場としては、会議中のたった10分や20分程度の説明では内容を十分に理解することはできません。

特に、大きなプロジェクトの決裁をするときはその傾向が顕著になります。大きな責任が伴う判断を求められるときほどGOを出しづらくなります。決裁権を持っている人がまだ内容を十分に理解できていないのであれば、それはなおさらです。

もし会議の場で提案が通らないのだとしたら、それは内容が全くダメだったのではなく、決裁者にとってまだよくわからない部分があるので、承認しきれず持ち越しになっているのかもしれません。

根回しをするもう一つの理由は**決裁者のプライド**です。

誰かが作った企画をそのまま承認するだけでは、自分が会議にいる価値がないと考える人もいます。なので、何か一言でもいいから意見を言いたいのです。

結果的に承認するとしても、自分の意見を反映したプランにしてからGOを出したいわけです。気の利いたアドバイスでもしておかないと格好がつかないと思う気持ちになるわけで、これも人間のプライドに関する話です。

これら二つを解決するには会議だけでは時間が足りません。だからこそ、会議の前に、意思決定のキーマンからアドバイスをもらう時間を確保しましょう。

事前打ち合わせでも、決して「この案でいきたいのでよろしくお願いします」と言ってはいけません。相手に何かしらのアドバイスをしてもらうために、修正を加えられる隙を作っておきましょう。少しだけでもかまいません。会議では、そこでもらったアドバイスを反映した形で提案をすれば、その人はほぼ賛成してくれます。

人というのは相談されると助けたくなるものです。

キーマンに「この提案を進めるためにぜひ知恵をお借りしたい」と伝えることで、相手にも「この企画に協力して成功させたい」と思ってもらえるようになります。

提案の目的は、承認をもらってその企画を進めることです。

そのために必要なものが根回しなのであれば、ぜひとも事前にやっておくべきです。

いつも根回しが必要というわけではありませんが、「この企画は絶対に通したい！」という場面では特に効果を発揮します。

14

好意を持てば人は動いてくれる

仕事には交渉がつきものです。

交渉と聞くと商談や査定など「ここぞ」の場面をイメージするかもしれませんが、もっと身近なところにもあります。それは「お願い」です。**手伝ってほしい、教えてほしい、打ち合わせの時間がほしい**。言ってしまえばこれらも全て交渉です。

では、みなさんは交渉をするときにどのような姿勢で臨んでいますか?

なぜか相手を「敵」と見なして攻撃的な姿勢をとる人もいれば、協力して仕事を進めるための「同士」と考える人もいます。言うまでもなく、交渉をうまく進めたいのであれば後者のスタンスのほうがいいでしょう。

人というのは、自分に好意を持ってくれている人の言うことはよく聞きます。

この心理効果は好意の返報性とよばれています。

人は好意を持ってくれた相手に対して心を許します。それだけでなく、好意を受けると「自分も相手に何か返さなくてはいけない」と考えてしまう性質があります。

そうは言っても、別に歯の浮くようなゴマすりは必要ありません。

まずは名前をしっかり覚えて、名前を入れながら話す。これだけでいいんです。

例えば「これをお願いしたいんです」ではなく「山本さんに、これをお願いしたいんです」と言う。これだけで、相手は自分に期待してくれているのだと嬉しくなるものです。

「人の名前を覚えられる」というのは立派な武器の一つです。


次のポイントは一人ひとりの**強みや得意な面を強調する**ことです。

例えば「加藤さん、来週行われる会議の資料作りをお願いできませんか？」ではなく、「加藤さん、来週行われる会議の資料作りをお願いできませんか？　いつも加藤さんの資料はわかりやすいなと思っていまして」と、相手のスキルや実績を認めたうえで依頼をします。すると、自分のスキルを見越して頼んできたのだなと思い、意気に感じて引き受けてくれる可能性が高まるでしょう。


また、**その人が過去に話した内容に触れる**ことも好意を示す方法の一つです。

例えば「前回、鈴木さんが『迷ったときは自分から進んでやるべきだ』と言っていまし

好意は与えたら返ってくるもの

たよね。あの言葉、すごく共感しました」と伝えると、自分が何気なく言った一言を覚えていてくれて嬉しくなるものです。

これらをテクニックとして考えてしまうと、とたんにやらしい感じがしてしまいますが、シンプルに考えればいいのです。

もし自分がお願いされる立場だとしたら、ただお願いをされるのと名前を呼んでお願いされるのと、どちらが意気に感じますか？

ただ丁寧にお願いをされるのと、自分だけの強みを認めてもらったうえで丁寧にお願いしてもらうのと、どちらが嬉しいですか？

交渉をするときは、相手の承認欲求を頭の片隅に置くようにしましょう。

15

アイデアに欠点があるのは当たり前

今いる会社で行われている会議では、多くの意見が出ていますか？

このように聞かれても、なかなか自信を持って「はい」と答えられる人は少ないかもしれません。

周りの空気を気にしながら参加者が黙り込んだり、上司が一方的に話してほかのメンバーは聞き役に徹していたり、そんな状況もあるのではないでしょうか。

せっかく参加者一人ひとりが時間を使って会議に参加しているのに、これではもったいないですよね。

会議でアイデアを出すときに知っておいてほしいことが二つあります。

まず一つは、アイデアを出すときは一つ一つを否定せずにとりあえず出せるだけ出し尽くすこと。これを「**発散**」といいます。

二つめは、一通りアイデアを出し尽くしたところで、比較・検討し、取捨選択もしくはアイデア同士を組み合わせて練り上げていくこと。これを「**収束**」といいます。

発散と収束を取り入れることで、時間の短縮をしながら多くのアイデアを出すことができます。

アイデアには必ず欠点があります。そもそもアイデアとは、未来に対して現状を変える方法を提示することなので、なにかしらの欠点が生まれるのは当然です。

「コストが高くなる」「これだと一部の人が使わなくなる」などの指摘が一切出ない完璧なアイデアというのはそうそう存在しないわけです。

アイデアは一長一短あるものとしてひとまず出し尽くす。

次に、それらを比較して利点が大きく欠点が少ないアイデアを探す。

それからその欠点を減らせるように練り上げていく。

このほうが本当はいいわけです。

ところがよくあるのは、発散の段階で一つ一つの欠点を指摘してつぶしていく進め方です。このやり方では、可能性があるアイデアの芽も摘んでしまいます。発散で否定してはいけないのはこれらの理由からなのですが、これが難しいのです。

人はどうしても欠点に目が向いてしまうものです。

「その意見はちょっとね」「いやー、その案はリスクが大きいよね」などとアイデアの欠点を指摘されることが当たり前の環境では、次第に否定されることが恐くなり発言を控えるようになります。これ以上自尊心を傷つけられたくないという意識が働くのです。

発言した人が救われるのは、「いいですね」などのポジティブなリアクションをしてもらったときです。それだけで、誰も反応しない沈黙の空気が緩和されます。

Google の調査によれば、優れたチームのもっとも重要な特徴は「心理的安全性」であると説明されています。これは、チームに優秀な人が加わっているより「自分の発言をばかにされない」「何を言っても大丈夫」と思える雰囲気が大切であるということです。

発言しやすい空気をつくることは誰にでもできます。

「うーん、いまいちだなぁ」と思うようなアイデアが出てきても、「なるほど」「たしかに」「あるかもしれませんね」とポジティブな反応があれば、意見を否定する空気は中和されます。

相づち一つで、場の空気をつくることができるのです。

16

30点の発言にも大きな価値がある

会議で意見を求められたときにまだ自分の考えがまとまっていないと、つい「わかりません」や「特にありません」といったゼロ回答をしてしまうことはないでしょうか。

会議の場では、**意見を求められたらとにかく何かしら発言をする**ようにしましょう。

もちろんズバッと気の利いた発言ができたら最高ですが、「その意見を思いつくまで一切発言しません」ということでしたら会議中に何も言えなくなってしまいます。

前項でも触れましたが、発言できない背景には「人から批判されたり、ばかにされたりするのがこわい」「何かいいことを言わなければいけない」という心理があります。

このような意識が蔓延すると、とたんに沈黙が場を支配してしまいます。

そんなときこそ若手の特権を使うべきです。**若手は失敗しても大丈夫です**。もう少し正確に言うなら、「若手は失敗するのが当たり前だ」と周りの先輩は思っています。

そのなかでも、積極的に発言ができる人と、失敗を恐れて何も言わない人に二分されます。どちらが評価されるかというと、やはり発言する人のほうでしょう。

たとえ発言内容が30点だったとしても何も言えない人は0点です。

しかも、その30点には大きな価値があります。

周囲の人たちは、その30点の発言を聞くことでプレッシャーがなくなります。知らず知らずのうちにほかの人の「良いことを言わなければいけない病」が治ります。

そうした捨て身の発言ができる後輩を先輩は可愛がりたくなるものです。

例えるなら、**会議の発言はカラオケのトップバッターのようなもの**です。

上手にバラードを歌い上げるより、多少下手なくらいがちょうどいい。

「私は歌が下手なんで……」と言って歌わない人になることだけはやめましょう。

発言力を高めるコツもお伝えしておきます。

まずは「**自分だったら前の発言に対してどう意見を加えるか**」を常に考えながら会議に参加することです。「君はどう思う?」と当てられてから考え始めるようでは遅いです。

状況に応じて、自分の意見の現在地を動かし続けます。

次に発言の取捨選択です。何を言うか、何を言わないかは5秒で選びましょう。

いざ発言の機会がやってきたら点数は気にせず言葉にしてみてください。

カラオケのトップバッターになりましょう

最後に、発言は簡潔にします。

できれば30秒くらいでパパッと言って終わりにしましょう。

発言が終わった後に聞き手の表情を見れば、自分の発言が何点だったのかわかります。

「ほお」と感心している様子であれば80点、「まあそんな視点もあるかな」くらいであれば60点、「意見自体は当たり前だけど、なるほど。このくらいのレベル感で発言すればいいのか」という空気になれば30点です。

冴えた意見を言う必要ありません。自分の発言がきっかけとなって周りの人を焚きつけることができれば、若手の役割としては十分です。

17

的外れな発言は信頼度を下げる

会社にいつも的外れな発言をしている人はいませんか？
もしかしたら、次のようなやり取りを聞いたことがあるかもしれません。

部下「たしか、A社もその事業に力を入れているらしいです」
上司「その話が今の議論にどうつながるんだ？」
部下「例えば、デザインを変えてもいいかもしれませんね」
上司「今は機能面の話をしているんだよ」

前項にて「若手は発言で失敗してもいい」と言いましたが、だからといって「的外れな発言」をしていいわけではありません。議論の流れを理解したうえでのいまいちな発言は全くもってOKですが、議論の流れとズレた発言はNGです。

会議には常に議論の流れがあります。議論するポイントのことを論点と言いますが、大切なのは論点を常に追いかけることです。**論点に合わない発言は全て的外れになります。**

論点とは多くの場合、次の二つで構成されています。

① テーマ：残業、クレーム、顧客対応、品質管理など
② 不明点：問題は何か？　原因は何か？　解決策は何か？

第1章にて、仕事の本質は問題解決であるとお伝えしました。であれば、基本的な問題解決の流れを把握しておけば、論点に合った発言ができるようになります。

具体的には次のような流れになります。

- 問題の特定　「何が問題か？　どんな問題があるか？」
- 原因の究明　「何が原因でその問題が起こっているのか？」
- 解決策の立案　「原因を解消するにはどのような解決策があるか？」

この流れに従い、いま議論している論点がどの段階にあるかを把握します。

論点を追いかければ、的外れな発言にはならない

例えば「残業が増えている原因は何か？」が論点であれば、「19時になったら電気を消せばいいのではないでしょうか？」は的外れな発言です。なぜだかわかりますか？

残業が増えている「原因」について話しているのに、残業を減らす「解決策」について発言しているからです。

的外れな発言をしないコツは、**自分で論点を復唱する**ことです。

発言をするときに「(論点は) 残業が増えている原因についてですが、(意見は) 時間をかけてでも提案内容にいろいろ盛り込もうとする意識が強すぎるのかもしれません」と、論点を押さえてから意見を言うようにすればその場に合った発言ができるようになります。

第4章

主体的な思考は
こうして生まれる

1

リーダーじゃない人が
リーダーシップを発揮してもいい

これまで、「会社」「相手」「仕事」の三つの視点から押さえるべきポイントを説明してきました。さて、この章ではそれらを踏まえたうえで「自分がどうあるべきか」について考えていきます。そのポイントは**主体的に考えるスタンスを持つ**ことです。

主体的に考えられる人は、周囲から「あの人はリーダーシップがある」と見なされるようになります。なぜかというと、**多くの人は基本的に受け身**だからです。「自分の判断が間違っていたら周りに迷惑をかけるから、それなら誰かに決めてもらったほうが楽でいい」「自分で考えて行動したら結果も責任も全て自分に返ってくるから、それならうやむやにしてしまったほうがいい」と無意識に感じている人が多くいるからこそ、主体性を持つ人が際立つのです。

さて、あなたはリーダーシップを発揮する意識を持っていますか？「リーダーシップなんて、まだ部下もいないしマネジャーになってからでいいでしょ」と思う人もいるかもしれません。しかしその考えでは遅すぎます。そう考えている人はいつまでたってもリーダーにはなれないでしょう。

マッキンゼーの採用マネジャーをしていた伊賀泰代《いがやすよ》さんは、著書『採用基準』で「リーダーシップは全員に必要なスキルである」と断言しています。

その理由はシンプルで、全員がリーダーシップを持つ組織のほうが、一部の人だけがリーダーシップを持つ組織よりも圧倒的に高い成果を出しやすいからです。

伊賀さんは、「船頭多くして船山に登る」ということわざにおける船頭を「リーダー」だと解釈するのは間違いだと指摘しています。ここでの船頭は「自分の主張を押し通そうとする強引な人」だといっています。

つまり実際には、**リーダーシップを持っている人がたくさん集まってもお互いの主張がぶつかりあうわけではありません**。もし、リーダーシップを身につけたつもりで上司とぶつかるようであれば、それは単なる主張の押しつけだったということです。

私が考えるリーダーシップの本質は次の二つに集約されます。

① 目標を達成する視点から全てを考える
② 自分から周りに働きかける

リーダーシップを持っている人が同じチームにたくさんいても、一人ひとりの最優先事項が目標達成であればお互いに調和して動けます。そのため、ほかにリーダーシップを発揮している人がいればスッと身を引くような立ち回りができるわけです。それはまるで、113ページで説明したしずかちゃんのようなスタンスです。

見渡してみると、会社にはリーダーシップを発揮できる場面がたくさんあります。

誰も発言しない会議でホワイトボードの前に立って会議を活性化させようとする、上司がいなくても自分から作業を分担して進める、飲み会でつまらなそうにしている人がいれば声をかける……。**たくさん人がいるのに誰も行動を起こさない場面はチャンスです。**「あれっ、これ誰が進めるんだろう？」と思ったとき、さりげなく周囲と調整を図るだけでリーダーシップは磨かれていきます。

ビジネス環境は常に変化し、企業はその対応を求められています。しかし、その変化はゆっくりと進むため、気づかない人も少なくありません。

新しいことに挑戦するリーダーとは、そういった緩やかな変化に気がつき、対処しようと声をあげる人です。やがて、声をあげることに慣れてくると、見て見ぬふりをするほうが気持ち悪くなるものです。

2

教えてもらっていないのは当たり前

経験のない仕事を任されたときに、「やり方を教えてもらっていないんですけど……」と言う人がいます。

そのようなことを言いたくなる気持ちはよくわかります。仕事を任せられた以上、ミスなくやり遂げたいと思うものです。周りの人に迷惑をかけないためにも、正しい仕事のやり方で責任を全うしたいと考えるのは社会人として素晴らしい心がけです。

しかし、「教えてもらっていない」という言葉を聞いた上司はこう思っています。

「会社は学校じゃないんだよ」と。

もちろん、上司には部下を育成する責任があります。しかし、それは必要な知識を全て手取り足取り教えることではありません。

学校のように決まったカリキュラムや順序があるわけではないので、**仕事はいつも予測できない順番でやってきます**。

さて、あなたは会社で必要な全ての知識のうち何%くらい持っていると思いますか？

「まあ半分くらいかな」と思う人もいれば「もう十分慣れてきたから70%くらいはあると思う」なんて人もいるでしょう。ただ、その見積もりは少し甘いかもしれません。

実際のところ、個人の持っている知識は担当業務に関する領域のみで、よくて数%、全体から見たら1%にすら満たないこともざらです。これは若手はもちろん、10年以上働いているような、いわゆるベテラン社員でも同じことです。

仕事をしていると、知れば知るほど知らないことが増えていきます。山ほど知らないことがあるなかで、日々自ら学びながら仕事を進めるのが社会人の基本なのです。

会社に入ったばかりのころは、最低限必要な知識を教えてもらっていたでしょう。例えば、営業なら見積もりの作り方や名刺交換の方法、開発なら商品知識や図面の書き方など。**最初に教えてもらうことは、それができないと何もできないからです**。これらは動き出すための基礎であり、そこから先は自分で動いて学ぶステージになります。

学ぶときに大切にしてほしいのは次の順序です。①まず調べる、②次に考える、③それでもわからなければ上司や先輩に聞く。この順序を飛ばして、いきなり教えてくださいとたずねるのは、学ぶ意欲がないと思われても仕方ありません。

以前、新入社員が「ちょっとこの言葉の意味を教えてもらっていいですか？」と聞きに来たことがあります。調べれば簡単にわかることだったので驚きました。

ひと昔前は「仕事は見て盗むもの」なんて考えもありましたが、その考え方もずいぶん変わりました。今は聞けばたいていの人は教えてくれるでしょう。

それでも、**まずは自分で調べ、考える習慣を持つべき**です。

上司からしてみても、「自分なりに調べて考えてみたんですけど、それでもわからなかったので○○さんにお聞きしたいです」と言われたら、教えがいがあります。

部下が四苦八苦している難問に対して上司が手際よくサササッと解決策を示し、部下が「なるほど！　そういうことか！」と気づく瞬間は上司にとっても嬉しいものです。

「教えてもらっていない」と言いそうになったら次のように言い換えましょう。

「不勉強ではずかしい限りです」と。

上司としては、情報をもらえなければ動けないという人に重要な仕事を任せたいとは思わないでしょう。貪欲に学び、自ら成長しようとする人にこそ、会社にとって重要な仕事が回ってくるものです。

3

ポジティブだと成功するのではなく
ネガティブだと成功しないだけ

数多くの経営者や成功者は口を揃えてこう言います。

「明るく、前向きに、元気よく」

総じて、物事はポジティブに考えよと言っているわけです。

たしかに大切な考えだとは思いますが、それより私はこう思うのです。

ポジティブな思考を持てば必ず成功するわけではないが、
ネガティブな思考で成功した人を見たことがない。

その理由は明白です。

やりがいのある仕事や新たなチャンスは全て他人が持ってくるものです。多くの場合、それは上司でしょう。しかし、上司にとっては複数の部下がいるわけです。そのなかで、わざわざネガティブな人にチャンスを与えようとは思いません。

それに、仮にチャンスを与えたとしても、ネガティブな人は「私にはその仕事は荷が重いです」「できるかどうかわかりません」と自らその機会を断ってしまうため、成功から遠ざかってしまうのです。

つまり、ポジティブであることは必要条件ではあっても十分条件ではないわけです。

例えば、医者になるためには医学部を卒業することが必要条件ですが、医学部を卒業したからといって、必ずしも医者になれるわけではありません。医学部を卒業することは医者になるための必要条件ですが十分条件ではないわけです。

同じように、成功するためにはポジティブな思考を持つことが必要条件ですが、**ポジティブだからといって必ずしも成功するわけではありません**。

何か一つの物事が起きたとき、ポジティブな人はそれを前向きに解釈し、ネガティブな人はそれを後ろ向きに解釈します。

物事の数だけそれが繰り返されるのです。ポジティブな人はどんどん加点され、ネガティブな人はどんどん減点されるのですから、差が開くのは当然の話です。

しかしながら急にはポジティブに考えられないと思いますので、一つテクニックをご紹介しましょう。「**事実は一つ、考え方は二つ**」というものです。この考え方は陽転思考といい、作家の和田裕美さんが提唱されています。

ネガティブな人とポジティブな人の成功割合

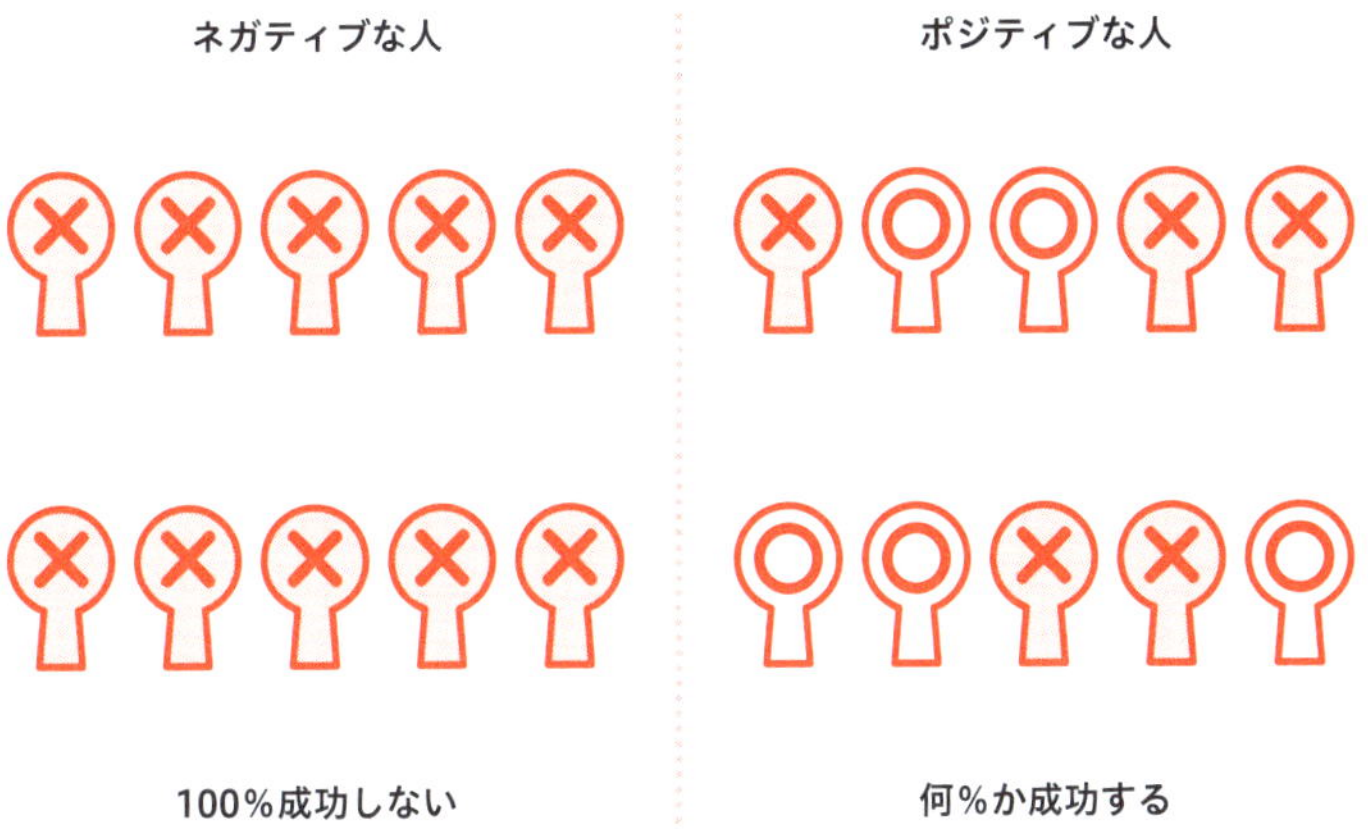

陽転思考は、いったんネガティブに思うのは仕方のないことですが、それをそのまま引きずることなく、「何かポジティブに置き換えられないかな」と考え方を明るいほうに転換してみるという思考法です。

例えば、「上司に怒られた」という一つの事実に対して、「上司は理不尽だ」というネガティブな受け止め方と「これも成長するための課題だ」というポジティブな受け止め方の二つの考え方をすることができます。

ポジティブシンキングはテクニックで身につきます。

イラっとするのは仕方がないこととして、それでも何かの役に立つはずと考え直す。これがポジティブシンキングの第一歩です。

4

演技でも明るい人のほうがいい

「自分は人見知りだから……」と考えている人は多いと思います。

序章にて、6割近くの人がコミュニケーションに苦手意識を持っているという話をしました。実は、内向的で人見知りをする人も6割近くの割合でいることがわかっています。

私が以前出会った上司に、こんな方がいました。

普段は日本語で静かに話すタイプの人でしたが、英語で外国人と話すときには急にテンションが上がり、明るい人のように振る舞っていたのです。

不思議に思い、理由を尋ねてみると「文化の違う人とうまくコミュニケーションをとるためには、多少の演技も必要だ」と言っていたことが今でも印象に残っています。

つまり、価値観の違う相手とのコミュニケーションを円滑にするために、**あえて明るく振る舞う努力をしていた**のです。

『人は、誰もが「多重人格」』の著者である田坂広志氏は次のように語っています。

"
誰の中にも「すべての人格」が潜んでいる。「明るい人格」が無い人は存在しないのです。「暗い人格」と言われる人の中にも、必ず「明るい人格」が隠れているのですね。ただ、その「隠れた人格」がほんの少しの努力で、容易に表に出てくる人と、努力すれば、その人格が育って表に出てくる人と、その人格を強く抑圧してしまっているため、相当な努力をしても、それが表に出てこない人がいるのです。
"

誰の中にも明るい人格があるとは、人見知りの人にとっては希望のある話です。

ただ、もしその明るさが表に出ていないのだとしたら、もしかしたら強く抑圧してしまっているのかもしれません。完全に明るい人格が出てこなくなる前に、まずは多少の演技でもいいので明るい人を演じるところから始めてみませんか？


演技というと不自然な笑顔をつくるイメージがあるかもしれませんが、無理に表情をつくる必要はありません。心のなかで「この人と本当にうまくやっていきたい」と自分に言い聞かせることで、自然な表情が引き出されます。

その程度の「心の中の演技」で十分です。

不思議なもので、**自分が心を開けば、相手の態度は徐々に変わってきます**。最初は演技であったとしても、少しずつ自然な表情が出るようになり、やがて人間関係が今までよりも良好になります。

これまでにもお伝えしたように、仕事というのは自然発生するものではなく誰かが持ってくるものです。そして、やりがいのある仕事を上司が誰に任せるかといえば、「**喜んで取り組んでくれる人**」に渡したいと思うのが当然の話です。

せっかくやりがいのある面白い仕事があったとしても、その仕事を無反応な部下に頼んで淡々とこなされたら、なんだか張り合いがありません。どうせなら前向きに取り組んでくれる人に任せて、その反応を見たいと思うのではないでしょうか。

表情をつくるのは人間関係をよくするため。
そして人間関係をよくするのも仕事のうち。
そのように考えて練習してみてはいかがでしょうか。

5

信頼はコントロールできないが、約束はコントロールできる

人間関係を築くうえでもっとも大切なのは信頼と言っても過言ではないでしょう。

しかし、信頼は自分でコントロールできるものではありません。

「私たちはお客さまの信頼できるパートナーです」と企業がどれだけPRしたところで、実際に信頼するかどうかを決めるのはお客さまであるのと同じことです。

では、どうすれば信頼を得ることができるのでしょうか?

一番大切なのは約束を守ることです。約束を守れるかどうかは自分のコントロール下にあります。特に「小さな約束」を確実に守ることが大切です。

「なんだ、そんなことか」と思われるかもしれませんが、小さな約束を守ることができない人が多いからこそ、それらのことに誠実に向き合う人が信頼されるのです。

例えば、次のようなこともそうです。

- 上司から「お客さんにお礼のメールを送っといて」と言われたらすぐに実行する
- 「納期が間に合うか確認しておいて」と頼まれたら、すぐに確認して報告する
- ほかの人がどれだけ遅れようとも、自分は必ず会議の開始時間を守る
- 突発的なトラブルによって少しでも仕事に遅刻するときは、必ず電話で伝える

なにも大それた仕事を達成する必要はありません。ただ約束を守るだけでいいんです。

その小さな積み重ねが信頼へとつながります。

信頼を失うのはあっという間

「メールを打っておいて」と言われたのについ忘れてしまった。

「確認しておいて」と言われたのについ後回しにしてしまってできなかった。

その「失点1」を回復するのに守らなければいけない約束は一つではありません。

しかし、そのような簡単なことで信頼を失ってしまう人が大勢います。

周りにいる人が約束を守っていないからといって同じように行動してはいけません。そのようなときに約束を守れる人は一気に信頼ゲージが溜まります。逆に、みんなが当たり前に守るような約束では、それほど点数になりません。

コクヨには「信用のキップ」という言葉があります。

創業者の黒田善太郎はこう語っています。

"信用は世間からもらったキップや。十枚あっても、一枚使えば九枚になり、また一枚使えば八枚、といった具合に減ってしまう。気を許すとあっという間に信用がなくなってしまう。(中略)信用は使ってはならない。使わなければどんどん増えていく。"

人は信用されていると思った途端につい油断し、甘えが出てしまうものです。

そのような気持ちを戒めるいい表現だと思います。

仕事は常に想定外のことと隣り合わせのため、急な用事が入ったり、頼まれた作業を進めるのに思わぬ時間がかかったりすることもあります。

そんなときに必要なのは事前の報告です。相手に言われる前にこちらから言う。言い訳をしないでお詫びをする。

先に言えば説明、後から言えば言い訳です。

そのスタンスで仕事をしていたら、必ず頼りにされ、少しずつ大きな仕事を任されるようになります。

6

明確な指示はときに逆効果となる

第1章でもお伝えしたように、会社には地位や権限から生まれるポジションパワーと、実力や評判から生まれるパーソナルパワーがあります。

ポジションパワーが表れるのは、上司の言うことは聞いてもらえるのに自分が指示しても動いてもらえないときなどです。

では、どうすればポジションパワーを持たない自分の指示を聞いてもらえるのか？

タスクリーダーとして小さなチームを任されたとき、メンバーに動いてもらうため次のように指示を出すことは多いでしょう。

「この分析、明後日15時までにお願いします」

「ヒアリングはメンバー1人あたり最低5件しましょう」

短く、わかりやすい指示ですよね。ところが、この指示ではメンバーは思ったように動いてくれないことがあります。上司ののらりくらりとした指示より、よっぽど簡潔に伝えているはずです。にもかかわらず、なぜメンバーは動いてくれないのでしょうか。

まだ十分な権限がないから？　あくまでその場かぎりのリーダーだから？

これらも一つの理由ではあります。人を動かすだけのポジションパワーがあれば、このような指示でも動いてくれるでしょう。しかし、**まだ十分な権限がない段階では、明確な「つもり」の指示は嫌がられる可能性がある**ことを覚えておいてください。

多くの場合、リーダーに選ばれるのは仕事ができる人です。リーダーは自分の仕事に自信を持っていることが多いため、「これくらい言えばわかるだろう」と上から目線になりがちです。しかし、そのような「自分が全部わかっているので指示を出します。皆さんはその通りに動いてくれればいいんです」という態度は相手に伝わってしまうものです。

そこでおすすめしたいのが、相手を動かす**三視点トーク**という指示の出し方です。この方法では、話を次の三つの視点で構成します。順番も次の通りに伝えます。

① 相手の視点に理解を示す
② 会社の視点で全体の目的を伝える
③ 自分の（思いを含めた）視点で指示を出す

例えば、社内ヒアリングの依頼をする場合で考えてみましょう。

「加藤さんは毎日遅くまで残業をしているので、なかなかヒアリングの時間を捻出するのは難しいと思いますが（①相手の視点）」

「このヒアリングは会社の業務上の課題を洗い出すための重要な取り組みだということはご存じだと思います（②会社の視点）」

「私も今回は、このプロジェクトでなんとか非効率になっている業務プロセスを改善したいと思っていまして、ぜひともご協力いただけませんでしょうか？（③自分の視点）」

このように多面的な視点を交じえて伝えることで、ただ指示を出すより相手も仕事を受け取りやすくなります。

権限がなくても、相手の負担に配慮して「一緒によりよくしていきたい」という姿勢を示すことで、好意的に協力してくれるようになるでしょう。

7

自分らしさは真似ることから始まる

「自分らしい仕事がしたい」
「人と同じことをしたくない」

こう思い、個性を発揮すべく自分らしさを追いかける人がいます。
しかしなかには、オリジナリティを追求するあまり「人と同じことをしていてはダメだ」と考えるようになり、いわゆる奇抜な行動や考えに走る人がいます。言うまでもなく、それは表面的な差異でしかなく、本質的な自分らしさとは呼べません。

意外かもしれませんが、**オリジナリティのある人ほど、他人のやり方を真似するところからスタートしています。**真似と聞くと抵抗があるかもしれませんが、言い換えれば「他人からヒントを得る」ということです。

小学校で伝記を読むのも、中学・高校で歴史を学ぶのも、過去の人物や出来事から未来の指針や生き方を学ぶためです。

真似は大人になってからも続きます。ソフトバンクグループの孫正義氏は、若いころに3年間で4000冊もの本を読み、多様な人々の知恵を吸収していたそうです。

成功者は真似上手

実際、成功している人たちは他人のやり方から学び、真似をしているものです。

「中小企業経営の神様」と称される株式会社武蔵野の小山昇社長はこう言います。

> **うまく経営するためには真似することが大切。学校ではカンニングしてはダメだが、経営ではカンニングしないとダメ。自分で考えていてはうまくいかない。**

芸術の世界でも同じです。ゴッホは浮世絵の構図を参考にし、自分の作品に取り入れました。漫画家の藤子不二雄は、手塚治虫の模写を子どものころに繰り返し行いました。

優れた人の方法を真似ることは、オリジナリティを育てる第一歩です。

特に参考にしてほしいのは社外の人です。社外に目を向けると、自分の会社とは全く異なる価値観を持つ企業や人々がたくさんいることに気がつきます。直接会えなくても、テレビやSNS、書籍からも参考にできるポイントはたくさん見つかります。

メディアから学ぶコツ

メディアから知識を得る際には少し工夫が必要です。漠然と眺めているだけではスキルを盗むことはできません。

例えば、書籍から何かを得ようと思った場合は、**集中して3冊以上の本を読む**ことをおすすめします。

内訳としては、「その世界で一番有名で、昔からある本」が1冊目、「一番簡単そうな本」が2冊目、「1冊目と2冊目とは反対のことを主張している本」が3冊目です。

1冊目ではその分野の本質を学ぶことができますが、やや内容が難しい場合もあります。2冊目は、内容は深くはないものの、全体像を把握するのに適しています。3冊目は、多面的な視点を身につけ、偏った考え方に凝り固まらないための視点を身につけます。

いくつかの視点から物事を学び、実際に真似して試していくうちに、自分に合うスキルだけが残ります。それが独自性となっていくのです。

8

単純作業から
クリエイティブな仕事が生まれる

「なんでこんな単純な仕事ばかりさせられるんだろう」

「もっとやりがいのある仕事がしたい」

誰もが一度はそう思ったことがあるのではないでしょうか。


会社に入ったとき、「企画や提案といったクリエイティブな仕事がしたい」と夢を抱いていたかもしれません。しかし実際に働き始めると、会社全体で創造的な仕事はせいぜい2割程度で、残りの8割は単純作業の繰り返しであることに気がつく瞬間があります。

ところが、この8割の単純作業には無数の改善点が隠れています。

単なるコピー作業でも、やり方を改善すれば作業時間を半分にできるかもしれません。

伝票入力の手順を見直せば、作業が今まで以上に捗るかもしれません。

単純作業は「**どうすれば速く、より良くできるか**」を考えるゲームです。たとえ単純作業であっても、この視点で取り組めば、これはもう創造的な仕事です。

上司は部下の仕事に取り組む姿勢を見ています。面白い仕事はしっかりと取り組むが、興味のない仕事は避けようとする。そのような人が重要な仕事を任されることはありません。なぜなら、面倒な仕事になると逃げる人という烙印を押されるからです。

阪急東宝グループの創業者、小林一三《いちぞう》の有名な言葉があります。

下足番を命じられたら、日本一の下足番になってみろ。そうしたら、誰も君を下足番にしておかぬ。

つまり、創造的な仕事を任されるためには、まず目の前の仕事に全力で取り組み、改善を重ねる必要があるということです。愚痴をこぼしながら単純作業をこなすだけの人に、上司がクリエイティブな仕事を任せることはありません。

上司がもっとも避けたいのは、考えるのが苦手な人にクリエイティブな仕事を任せることです。全く頭が働かず思考停止になってしまったり、1週間経っても1ヵ月経ってもありきたりなアイデアしか出てこなかったりするため、仕事を任せた側も任された側もお互い不幸になってしまいます。

自ら気づき、考え、整理し、伝える。

この一連の動作ができて初めて、企画を立てる人材になれるのです。

この力は生まれつきの才能ではなく、経験を積むことで身につけられます。

そして、その訓練の場こそ単純作業の改善なのです。

改善に取り組むなかで、「あの人に頼むと仕事が速いし、工夫もしてくれている」と評価されるようになります。こうした人を会社は放っておきません。

クロネコヤマトの宅急便を生み出した小倉昌男氏の取り組みはその好例です。

荷物を運ぶという一見単純な作業と向き合い、「お客さまが喜ぶ物流の仕組みを作るにはどうすればいいか」を常に考え続けました。その結果、クール宅急便やスキー宅急便といった新たなサービスを次々に生み出し、日本の物流を革新したのです。

最終的には、「**あの人がやる仕事は、なぜか面白そうだ**」と周囲に思われる存在を目指しましょう。

目の前の単純作業を単なる「こなす仕事」に終わらせるのではなく、改善し、工夫し、価値を生み出す。その積み重ねがあなたを創造的な人材に変えていきます。

9

なりたい上司なんてそうそういない

「なりたい上司や先輩の理想像が見つからない」
「上司を見ていると管理職になりたいとは思えない」

若手の話を聞いていると、このような声をよく耳にします。

社長や役員から厳しい業績目標を担がされ、部下のトラブルの火消しに駆けずり回り、疲れてボロボロになりながら働く……。このような上司の姿を目の当たりにすれば、憧れの存在にならないのは当然の話です。到底ロールモデルとして考えられません。

そもそも、「この人のようになりたい」と思う先輩や上司が身近にいるのは稀なことです。多様性の時代、一人ひとりの価値観や行動パターンもさまざまです。そんななかで自分にしっくりくる理想像を探すことは難しいのです。

では、完璧な理想像がいない場合はどうすればいいのでしょうか？

それは、周りの人から優れた要素を抽出し、それを組み合わせて自分だけの「**仮想ロールモデル**」をつくることです。

ほとんどの人にとって、周りの先輩や上司は普通の人です。

しかし一人ひとりをよく見てみると、そんな**普通の人のなかにも自分にはない優れた部分がたくさんあります**。

そこで、理想を実現するために必要なスキルや考え方の断片を組み合わせ、自分のなかでロールモデルをつくりましょう。それはツギハギだらけかもしれませんが、その人物像が5年後、10年後に自分がなりたい姿です。

理想のロールモデルをつくる方法として、具体的に「誰の、どの部分がいいと思ったのか」を一度書き出してみてください。

「○○先輩の気配りは素晴らしい」
「同期の△△さんの発想はいつも群を抜いている」
「□□上司のしつこさは粘り強さとして見習うべきだ」

こうして身につけたいスキルを一つ一つ拾っていきます。

ロールモデルはツギハギでいい

「誰のどの部分を見習いたいのか」「どのレベルまで自分を高めたいのか」を具体的に一覧にまとめてみてください。その**一覧表が完成すれば仮想ロールモデルは明確になります**。

もし身近なところに断片を持っている人がいないと感じたら、社外の人や著名人を参考にしてみてください。本を書いている人から学んでもいいし、有名なリーダーの仕事のやり方からヒントを得てもいいんです。

そして、ぜひ、その人たちの仕事ぶりに触れながら学ぼうという意欲を持ってください。

そうすれば、少しずつであってもロールモデルに近づいていることを実感できるようになります。

10

後輩はあなたの倍速で物事を覚える

アイザック・ニュートンは次のように語っています。

”もし私がさらに遠くを見ることができたとするならば、それは巨人たちの肩の上に乗ったからです。“

つまり、偉大な人の業績が土台としてあったからこそ、それをもとにより学術研究などを発展させることができたという意味です。

この考え方は会社のなかでも同じように当てはまります。

例えば、自分が30代のときにはそれなりに高度だと思っていた仕事を、今の若手が平然とこなしてしまうようなケースがまさにそれです。

過去の知識や経験が体系化され、ツールやマニュアルとして整備されたのです。

かつては、お客さまのニーズを引き出すという仕事一つとっても四苦八苦していた時代もありました。しかし今ではニーズの分類表があるため、少しトレーニングをするだけで若手でも短期間で対応できるようになっています。

仕事の難しさは時間軸で変わります。数年、数十年単位で見てみると、企業は新しいやり方を身につけ、どんどん効率化を図っています。

これは経済全体にも当てはまります。

日本の経済成長はアメリカを追いかける形で進みましたが、現在ではアジア諸国が数倍の速度で日本に迫り、いくつかの国は追い越していきました。

また、教育も大きな変化のある分野です。私が学生のころは、聞いていると眠たくなるような座学の講義が中心でした。しかし今は、演習やディスカッションを通じて「考える力」を養う教育が主流でしょう。そして、これからの若い世代は論理思考やコミュニケーション能力を身につけた状態で社会に出てくることが予想されます。

このような背景のなかで、**今後のビジネスパーソンは大きく二つのタイプに分かれる**と考えられます。

まず一つが、しっかりとした考えを持ち、周りの人と上手にコミュニケーションをとりながら知的業務を進めるナレッジワーカーです。

そしてもう一つが、言われた仕事を単調にこなすオペレーターです。

これら2タイプの人たちは一緒のオフィスで仕事をしているため見分けがつかないかもしれません。

若いうちはほとんどの人がオペレーターからスタートしますが、上司に認められた人から徐々にナレッジワーカーになっていきます。

これから入社してくる後輩たちは、少しずつベースのスキルが底上げされた状態で社会人になります。そして、ほかの人が切り開いた道を進むのはそれほど難しくありません。最初の1、2年は先輩として慕われていても、その立ち位置がいつ逆転するかはわかりません。かといって焦る必要はありません。

後輩の面倒をしっかり見る、上司のサポートをして穴埋めできる、去年の自分と比べて確実に成長している。

そう感じられる社会人生活を送っていれば道は開けます。

ただし、もしも諦めてしまえば、あっという間に後輩に追い抜かれてしまう可能性があることを心に留めておいてください。

11

やりがいや自己実現を求めすぎない

さて、第4章でお伝えする最後の内容です。

「この仕事は自分の性格に合っていない」
「本当にやりたい仕事はこれではない」

そう考えながら仕事をしている人もいるでしょう。そんな気持ちが続くと、「いっそ会社を辞めたほうがいいのでは……?」という思いがよぎることもあるはずです。

明確な目標や、「これがやりたい!」という強い意志がある場合、転職を検討するのも選択肢の一つです。しかし、ただ漠然と「何か違う」という段階で行動を起こすのはリスクが伴います。**キャリア形成には、予想外の偶然が大きな影響を与える**という事実を理解しておきましょう。

キャリアは偶然で作られる

スタンフォード大学のクランボルツ教授が提唱する「計画された偶発性理論」によれば、

キャリア形成の8割は、事前に予想していない偶発的な出来事によってもたらされるとされています。また、18歳のときになりたいと思っていた職業に実際に就いている人の割合はわずか2％だったという調査結果もあります。

例えば、営業職を志望していたのに偶然人事部に配属され、その結果ステップアップできたケースや、デザイナーを目指していたのに気がつけば生産管理のプロになっていた、などなど。働くうえで、このようなキャリア形成は珍しいことではありません。

配属先での偶然を生かすには？

配属や異動が本人の希望通りになることは現実には2～3割程度でしょう。企業側も、個人の希望だけでなく組織全体のバランスや必要性を考慮して決定を下しています。

新人配属の後には「なぜ私があの部署に行かなければならないんですか？」「自分ではだめだったということですか？」というやり取りがつきものです。

たいていの場合、**希望の部署に就けなかったのは能力不足ではありません。**

希望する部署から「人がほしい」というリクエストがなかったり、もしくは配属先の部署の仕事にハードワークが多く、その仕事に耐えうる優秀な人材ということで声がかかったなんてことも十分あります。その機会を生かすも殺すも自分次第です。

クランボルツ教授は、キャリアを形成するうえで「好奇心を持つ」「努力し持続させる」「楽観的に考える」「柔軟性を持つ」「リスクをとる」の五つの視点が重要だと言っています。

「この仕事では自己実現ができない」と思っていても、実は「**人とのつながりが満たされていなかっただけ**」ということはよくあります。同僚や先輩と今まで以上に話ができるようになれば、少しずつ職場の居心地はよくなります。

これまでにお伝えしてきたように、コミュニケーションは双方向で成り立つものです。視点を変えれば、周囲との関係もよくなります。

そうしているうちに、仕事に対する向き合い方も変わってくるものです。

おわりに——会社のアルゴリズムを変えられる人になろう

先日、興味深い対談を見ました。

「定数ではなく変数を動かす」という話で、予備校講師の林修氏が、ユニバーサル・スタジオ・ジャパンを立て直した株式会社刀の森岡毅氏と対談しているなかで出てきた表現です。2人の説明では、どんな組織にも変えられないもの（定数）と、変えられるもの（変数）があるそうです。

例えば、会社の風土や業界構造は簡単には変えられない定数です。

一方、商品・サービスの内容や仕事の進め方は工夫次第で変えられる変数といえます。

多くの人は「会社の体質が悪い」「業界の風習が悪い」と変えられないものに目を向けがちです。しかし本当に大切なのは、自分で動かせる変数に注目し、そこから変革を始めることです。

この考え方は、本書で説明してきた社内コミュニケーションの本質とも重なります。

本書では、社内コミュニケーションを円滑に進めるための前提として、三つの視点をお伝えしてきました。

「会社はどのようなアルゴリズム（法則・考え方）で動いているのか」

「相手はどのような思考パターンを持っているのか」

「日々の仕事にはどのようなツボ（押さえるべき勘所）があるのか」

会社という組織は一朝一夕には変わりません。

相手の価値観も簡単には変えられないでしょう。

しかし、そういった前提を理解したうえで、自分がどう行動すればいいのかを考え、主体的に動く。そうすることで、少しずつではありますが、定数だと思っていた会社や組織も変わっていくものです。

実際、会社の仕組みを変革した人、組織風土を変えた人、ダメダメだったチームを立て直した人はごまんといます。

彼らに共通するのは、やみくもに変革を叫ぶのではなく、理想を掲げつつも地道に周りの人に働きかけ、時間をかけて取り組んでいるということです。周囲の状況を観察し、どの順番で重たい岩を押していったら最終的に動くのかを考える。状況によっては機が熟すのを待ちながら、一度に全てを動かそうとせず、徐々に大きな変化を生み出しているのです。

孫子の兵法に「敵を知り己を知れば百戦殆からず」という言葉があります。ここでいう「敵」とは、変革を阻むさまざまな要因のことです。会社のなかにある非効率な仕組み、古い慣習、人々の思い込みなど、変化を阻害する要因はさまざまあります。また、戦うときは地形や天候も理解する必要があります。同じように、会社を変えていくためには、会社の仕組みや、働く人々の特性を理解する必要があるのです。

大きな変化は劇的に起こるというより、日々の小さな改善の積み重ねから始まるものです。会議の進め方を工夫する、報告のしかたを改善する、チーム内のコミュニケーションを活性化させる……。

一つひとつは小さな変化かもしれません。でも、そういった変化を積み重ねていくことで、やがて組織全体の雰囲気が変わっていくのです。

そのためにも、まずは本書で説明してきた社内コミュニケーションの基本を実践してみてください。

会社のアルゴリズムを理解し、相手の立場で考え、仕事のツボを押さえる。

そうすることで、自然と周りの信頼も得られ、少しずつ影響力も増していくはずです。

そうやって一歩ずつ前に進んでいくうちに、いつかは会社のアルゴリズムを変えられる存在になっているはずです。

本書で説明してきた戦う土俵を理解し、俯瞰的な視点を持って行動することで、大きな岩を動かす力も手に入れることができるはずです。

まずは目の前のコミュニケーションから、着実に一歩を踏み出してください。

そして、いつか皆さんが会社のなかで、新しい変革を起こすリーダーとして活躍されることを願っています。

下地寛也

参考文献

- Biz Hits
  https://bizhits.co.jp/media/archives/8499
- パーソル総合研究所
  https://rc.persol-group.co.jp/thinktank/data/global-well-being.html
- JOB SCOPE
  https://blog.jobscope.ai/engagement20220715
- HRzine
  https://hrzine.jp/article/detail/4938
- マイナビニュース
  https://news.mynavi.jp/article/20241025-3051549/
- PR TIMES
  https://prtimes.jp/main/html/rd/p/000000461.000001264.html
- Benesse
  https://benesse.jp/kosodate/201603/20160315-2.html
- エン・ジャパン
  https://corp.en-japan.com/newsrelease/2019/17710.html?utm_source=chatgpt.com
- 明治安田
  https://www.meijiyasuda.co.jp/profile/news/release/2023/pdf/20240221_01.pdf
- TesTee Lab
  https://lab.testee.co/extrovert-introvert/?utm_source=chatgpt.com
- カント『永遠平和のために』(岩波書店)
- ジェフリー・フェファー『影響力のマネジメント』(東洋経済新報社)
- マシュー・サイド『多様性の科学』(ディスカヴァー・トゥエンティワン)
- 小杉俊哉『起業家のように企業で働く』(クロスメディア・パブリッシング)
- デール・カーネギー『人を動かす』(創元社)
- 伊賀泰代『採用基準』(ダイヤモンド社)
- 田坂広志『人は、誰もが「多重人格」』(光文社)
- 橘玲『シンプルで合理的な人生設計』(ダイヤモンド社)

下地寛也（しもじ・かんや）

コクヨ株式会社 ワークスタイルコンサルタント
エスケイブレイン代表

1969年神戸市生まれ。1992年文房具・オフィス家具メーカーのコクヨ株式会社に入社。

約20年間、顧客向けの営業および商品・サービス提案に従事し、現場目線でのコミュニケーションと課題解決に取り組む。その後、経営企画、業務改善、広報、社内風土改革など多岐にわたる社内業務を担当。現在は、コーポレートコミュニケーション室室長として、社内外の情報発信やブランド戦略、組織風土改革の推進をリードしている。

その実務経験を生かし、組織におけるコミュニケーションや働き方改革の理論と実践を独自に体系化。「組織のアルゴリズム」と「人の思考パターン」を軸にした社内コミュニケーション改善の手法は、多くの企業で注目を集めている。

同時に、新しい働き方を模索して複業ワーカー（エスケイブレイン代表）としてビジネススキルに関するセミナーや講演、YouTube動画配信などの活動も積極的に行っている。

主な著書に『考える人のメモの技術』（ダイヤモンド社）、『プレゼンの語彙力』（KADOKAWA）、『一発OKが出る資料 簡単につくるコツ』（三笠書房）、『「しやすい」の作りかた』（サンマーク出版）などがある。

結局、会社は思うように動かない。
上手に働く人の社内コミュニケーション

2025年2月20日　初版発行

著　者　下地寛也
発行者　野村直克
発行所　総合法令出版株式会社
〒103-0001 東京都中央区日本橋小伝馬町 15-18
EDGE 小伝馬町ビル 9 階
電話　03-5623-5121
印刷・製本　中央精版印刷株式会社

ISBN 978-4-86280-982-7
総合法令出版ホームページ　http://www.horei.com/